# 知の操縦法

佐藤優

平凡社

# 知の操縦法

佐藤優

平凡社

# まえがき

この2、3年、不思議な質問を受けることが多くなった。「ベストセラーになった本を手に取ってみても内容がわからない」という質問だ。具体的には、何人もの人からトマ・ピケティ『21世紀の資本』、又吉直樹『火花』、宮下奈都『羊と鋼の森』、池上彰／佐藤優『大世界史』などを買って読んでみたが、字面を追うことはできるが、意味をよくとることができないという相談を受けた。こういう相談をしてくる人は、大学生や20代、30代前半のビジネスパーソンに多い。教養をつけようと一生懸命に努力しているが、なかなか身につかないという焦りを感じている。

若い人々だけでなく、日本社会全体で「読む」という行為に大きな変化が生じている。スマートフォンの普及と関係しているというのが私の仮説だ。一昔前まで、インターネットにアクセスできる人とそうでない人の間で、情報空間に大きな差異が生じるということが言われた。確かにパソコンやスマートフォンをまったく操作できないと、情報に遅れを取ることは間違いない。もっとも、新聞を丹念に読む習慣がついていれば、情報を入手する時期が若干遅れるとしても、情報の質には問題がない。事実、高齢の作家や評論家で、電子媒体を一切利用しないが、適確な情勢判断をし、優れた論考を書く人はたくさんいる。

むしろ深刻な情報格差は、日常的に電子媒体を用いる人の間で生じている。パソコンしか持っていない、もしくはパソコンとスマートフォンを併用しているが、主にパソコンを利用している人は「読む力」を維持することができている。これに対してスマートフォンしか持っていないか、パソコンを持っていても使わずにほとんどスマートフォンから情報を得ている人の「読む力」が落ちているとの感触を私は得ている。それはスマートフォンを多用する人が、LINEをはじめとするSNS（ソーシャル・ネットワーキング・サービス）、SMS（ショート・メッセージ・サービス）をもっぱら利用することと関係している。SNS、SMSでは、限られた語彙しか用いられず、単文、体言止めが多い。しかも絵文字やスタンプで感情を表現する。ここで用いられているのは話し言葉だ。学校や職場では複雑な日本語を用いていても、日常的には簡単な話し言葉しか用いていないと、急速に「読む力」が退化する。「読む力」は表現力の基本だ。「読む力」以上の「聞く力」「話す力」「書く力」を持っている人はいない。

ネット環境が充実した結果、知的退行が起きている。このような状況から抜け出すためには、自覚的に「読む力」を強化しなくてはならない。本書では、百科事典の使い方や、ヘーゲル『精神現象学』の読み解き方に多くの頁を割いているが、それは「読む力」をつけるためにこれらの題材が適していると私が考えるからだ。

現下日本では、客観性、実証性を軽視もしくは無視して自分が欲するように物事を理解する反知性主義が大手を振って歩いている。これに新自由主義の進行による1人1人が孤立化したアトム（原子）的世界観が結びつき、個人の魂がインフレーションを起こしている。そして、肥大した魂からナルシシズムが生まれる。こういう時代状況に歯止めをかけることができるのは、古典的な啓蒙だと思う。ポストモダニズムの流行以後、私たちが軽視していた旧来型の教養を取り戻さなければならない。もっともその教養は、ポストモダニズムの洗礼を受けているので、旧来型の教養とは質的に異なるものである。それを私の言葉で言うと「絶対に正しいものはある。ただし、それは複数ある」ということだ。価値観の多元性を認めつつ、絶対に正しいものを追求することは可能であると私は信じている。

知の操縦法——目次

写真　宮村政徳
装幀　上田宏志［ゼブラ］

# 第1章

# いま求められている知とは何か

## 日本にはびこる反知性主義

最近、複数の読者からショッキングな質問をされました。それは、「ピケティの『21世紀の資本』が難しくて読めない。どう読めば理解できますか?」という質問です。たとえば、マルクスの『資本論』が読めないというならば、わかります。第一巻一章から四章までの「価値形態論」がおそろしく難解ですから。また、ヒックスの『価値と資本』を読み進められない、というのもわかります。この本には「数学付録」というのがついていて、それを理解できないとわからない構成になっており、数学の知識に欠損がある人は読み進められません。

ところが『21世紀の資本』は、数式は不等号と割り算しか使われていないし、翻訳も原語の意味を損なわずに正確な日本語で書かれています。小学校5年生レベルの算数の知識があればわかるはずなのに読めないし、頭に入らない。真面目な人だとノートに重要なところを書き写してもわからない、となる。論理展開をつかむことができる力、読む力が相当落ちているんだな、と痛感させられました。

でも、これは読む側だけでなく、書く側にも同じことが言えるんです。私は書評もしますし、大宅壮一ノンフィクション賞や角川財団学芸賞の選考委員もやっているので、作家になってから様々な原稿に目を通しましたが、一般論として、頭に入りにくいのは、新聞記者の書く文章なんです。書くことを生業《なりわい》にしている人たちなので、みなさんは意外に思われるかもしれませんが、新聞記者は短い文字数で要旨を書かなければいけないので、接続詞を飛ばす傾向があり、論理連関がどうなっているかを明示せずに、勢いで読ませる文章になりやすいのです。また、そのニュースにとって重要なこと、結論から書くというスタイルなので、単行本や新書のように長い文章を書かなければならなくなると、息切れしてしまって論理展開が不十分だったり、途中から文体が変化したり、読み手に不親切な文章になってしまうのです。

読む力と書く力が下がっていること、それは「知」の体力が下がっている、と言い換えてもいい。この危機的な状況は、新刊書店に行くと、よくわかるでしょう。中国や韓国を叩くヘイト本、「日本は素晴らしい」を謳《うた》う日本礼賛本、『知らなかった〜史』といった陰謀史観の本が平積みで、ネット書店ではトップ100位に何冊もランクインしている。私は反知性主義を「客観性、実証性を軽視もしくは無視して自分が欲するように理解する態度」と説明していますが、一定の知的訓練を受けていないことをよしとし、自分が信じたいことを書き、読むという、「反知性主義」の本が量産されているのも、「知」の体力が下がっていることを表しているのだと思います。

## 「ビリギャル」に見る新自由主義

いまの日本の「知」は、新自由主義的でもあります。

みなさんは、ヘゲモニーという言葉を聞いたことがあるでしょうか？　もともとは「覇権」「支配権」という意味ですが、イタリア共産党の指導者アントニオ・グラムシは、人々の合意による権力の覇権を提唱しました。レーニンやスターリンによるマルクス主義では、経済によって人間のモノの考え方や政治意識が規定されるという見解をとります。これに対して、グラムシは文化による支配を強調し、「文化ヘゲモニー」

を掲げました。

1980年代までの日本の大学における文化ヘゲモニーは、マルクス主義でした。従って、マルクス経済学を教える大学は多かったし、国家公務員試験はマルクス経済学からも問題が出題されていました。といっても、官僚がマルクス主義者や社会主義者になるというわけではありません。その知的体系だったら、こういう論理構成になっている、ということがわかっていればよかったのです。資本主義体制におけるエリートを養成する国立大学で、資本主義体制を倒すマルクス主義がヘゲモニーを握っていたことは、エリートたちに複線的な思考をもたらすことができたので、結果としてみるとよかったと言えます。ところがいまのヘゲモニーは新自由主義的な市場原理なので、資本主義社会の唯一のイデオロギーである法も規制緩和を進めたりと新自由主義化するし、文化ヘゲモニーも新自由主義化していきます。

この状況は、ベストセラーになって映画化もされた「ビリギャル」(『学年ビリのギャルが1年で偏差値を40上げて慶應大学に現役合格した話』坪田信貴著、KADOKAWA、アスキー・メディアワークス、2013年)に、よく表われています。

あの本を読んで、「うちの子も慶應に行けるかも!」と思った親がいるかもしれませんが、小学校4年生ぐらいの学力しかなかったビリギャルのさやかちゃんが成功した要因は、私立の中高一貫校に通っていたこと、お金に余裕がある家庭環境だったことが挙げられます。

さやかちゃんが通っていた塾の授業料は、一括納入で百数十万もします。塾だけでなく、私立高校の学費もありますから、1年間で200万近いお金を用意できる経済力がないと、ビリギャルは成功しません。毎日出る塾の課題を消化し、なおかつ睡眠をきちんととるために、さやかちゃんは学校の授業はほとんど寝ていたんですが、学校で寝ていても追い出されないようにしなければいけないし、理数系はゼロ点だけど卒業単位ももらわないといけない。さやかちゃんのお母さんは、学校に呼び出されたときに、モンスターペアレントのような振る舞いをします。さやかちゃんがタバコで停学になったときには、「一緒に吸っていた奴の名前を言えば退学を免除してやる」と言う先生に、お母さんは「友達を売ることを教育方針にしているのか」と怒る。さやかちゃんが授業中に寝ていて呼び出されたときには、「学校しか、寝る場所がないんです。さやかは慶應に行く子なんです。寝かせてください」と抗弁して譲らなかった。それで、寝ていてもゼロ点でも大丈夫という、塾の勉強に特化できる環境ができたんです。公立高校だったら、まず無理でしょう。

つまり、これは新自由主義時代の受験産業の物語なんです。小学校4年生ぐらいの学力しかなくても、お母さんがモンスターでも許容する私立学校に通わせ、塾に行かせるお金の余裕があったからこそ、私立大学の名門である慶應に行くチャンスが生まれた。ただ、必ずしも本人にとってハッピーとは思えません。「大学で学ぶ」ではなく、「大学に受かる」ことが目的だからです。小学校4年生のレベルだと、統計学も経済学も何ひとつ理解できないから、大学の授業のほとんどが理解できずに、お情けで単位をもらって卒業することになってしまうリスクがある。これでは入学歴だけで、高等教育の知識が何も身に付きません。これで、果たして、大学に行く意味はあるのでしょうか。

## 高等教育で身に付けるべき知

反知性主義と新自由主義により、いま、日本の「知」の体力は下がっています。

私は本書で、高等教育の内容をやろうと試みています。というのも、日本の高等教育が転換期に入っているからです。1960年代の学園紛争を経てガタガタになり、教授がきちんと教えなくなって学生も遊びに来る感覚だったレジャーランド化の時期を経て、いまの大学は刑務所のようにガチガチのカリキュラムが組まれています。規定のコマ数の授業に出席しなければ試験を受ける資格もないし、休講になった場合は補講しなければなりません。しかもその授業というのは大人数型のもので、教授と学生の双方向性が担保されておらず、知識の伝達もうまくなされていないという状況なのです。

高等教育とは、知識には様々な型があることを学び、自分ならではの思考の型を作りあげていくことです。だから最初は、自分が好きだと思った人について学び、その思想の型を身に付けることとです。ヘーゲル、カント、マルクス、荻生徂徠《おぎゅうそらい》、西田幾多郎……誰でも構いません。まず一人の思想の型を知り、その人の考え方ではどういうふうに物事を見ていくのかを知って、また別の人の思想の型を身に付けていく。これが正しい学知の学び方です。ひとつの見方が絶対的に正しいと固定的にとらえてしまうと、陰謀論や反知性主義になってしまいます。この社会は一元的ではなく、多元的な成り立ちをしています。知には様々な型があり、他者とのその差異を共有することで新しいものが生み出されていくのです。

しかし、日本の義務教育は知識の詰め込み式なので、それに慣れてしまった我々は、大学に行ってもその延長で勉強をしてしまいがちです。ですから、「丸暗記で憶える」「解法のパターンを憶える」式の勉強は得意ですが、それまでの解法パターンにないものが出たときに、基本パターンのどれを使って対応すればよいのかという応用力がない。実社会では決まりきった問題が出てくることはまずありませんから、知識ではなくモノの考え方の土台を作ることをやっていかなければ、現実に役立つものにはなりません。

本書では、知の枠組みについて知り、モノの考え方の土台を作って、実際にどう応用していくのかを伝えたいと思います。

## 断片的な知を結びつける体系知

考え方の土台作りのキーとなるのは、「体系知」という概念です。

ドイツ語では、学問一般のことをヴィッセンシャフト（Wissenschaft）といいます。断片的な知識（Wissen）ではなく、知識を結びつけて体系（-schaft）になって初めて学問となるという考え方です。中世神学には、「博識に対する体系知」という言葉があり、いくら知識量があって博識でも、その知識の連関が見えて体系知になっていないと、意味がないと考えられていたのです。

「体系知」という言葉を聞いても、何のことかわからないという人がほとんどでしょう。でも、一昔前には、ほとんどの家に「体系知」がありました。応接間に置かれて大事に扱われていたけれど、次第にスペースを取る無用の長物となって処分されたもの……そう、百科事典です。

いま、百科事典が自宅にあるという人は、ほとんどいないでしょう。電子辞書を持っている人でも、百科事典が入っているという人は多くないかもしれません。『現代思想事典』『イスラーム事典』といった専門事典を持っている人はいるでしょうが、持っていたとしても、実際に引く人はどれくらいいるでしょうか。

私はセイコーインスツルの電子辞書を使っています。オックスフォード新英英辞典、ロングマンの辞書のほか、『日本国語大辞典』、『角川類語新辞典』など、日本の主要な辞典が入っているんですが、平凡社の『世界大百科事典』が入っているから購入を決めました。残念ながらセイコーインスツルの現行版には百科事典は入っていませんが、「ジャパンナレッジ」がサービスを提供しているので、安価に利用したい人にはお勧めします。

なぜ百科事典が購入の決め手になったかというと、原稿を、百科事典でチェックするためです。通常は、初校、再校の度に校閲者が事実関係を調べてくれますが、出版社によっては、校閲者に頼まず、編集者だけでチェックをします。というのも、物価が上がって用紙も高くなっているのに、単行本はここ10年以上、１０００円台の価格がつけられているので、校閲者に頼む費用をナシにして原価をおさえている出版社が多いのです。それなので、校閲を入れない版元と仕事をするときには、百科事典を使います。

でも、百科事典を使う理由は、ただ事実関係をチェックするためだけではありません。百科事典に載っていない内容については、そのジャンルの専門家にしかわからない内容なのだ、という線引きとしても使うことができるからです。この役割は、Wikipediaにはできません。

## 知のスタンダード百科事典と進化し続けるWikipedia

なぜWikipediaではできないのか、両者の違いについて、考えてみましょう。

よく、百科事典は時代遅れではないか、Wikipediaだけあればいいのではないか、という質問を受けますが、それは間違いです。

wikiはハワイ語で「素早い」、pediaはギリシャ語で「教育」を意味する語で、Wikipediaは「素早く教育する」を意味しています。つまり、スピードを重視し、つねに新しい情報に更新されて進化し続けていきます。

それに対して、百科事典を意味するencyclopediaはギリシャ語のencycloに由来し、円環をなしているという意味があります。円環であるためには、開かずに、ある段階での知を輪切りにしなければなりません。だから、ある時代の知識の集大成として、閉じています。重版の際にも、数字の修正や追加などの微調整は行いますが、独立した事項の連関性をそのまま保つために、分類や項目立ての編集方針は踏襲し、進化しない。進化しないがゆえに、ひとつの時代の知的な体系を提示することができるんです。つまり、百科事典に書かれている内容を知っていることは、その時代の知のスタンダードを体系的におさえているということを意味しており、だからこそ線引きとして使うことができるんです。

私は仕事場に、1930年代に出た平凡社の『大百科事典』と、第二次世界大戦後の1950年に出た4冊の補巻を置いています。平凡社は、戦前は日本の軍神・杉本五郎の大ベストセラー『大義』の発行元でもありました。「尊王精神ある処《ところ》、常に我在り」という杉本の有名な言葉があり、この本を「教典」とする大義会という右翼団体もありました。しかし、日本がポツダム宣言を受諾して、新憲法ができると、戦前の枠組みで作られた百科事典では対応できません。早急に新しい百科事典を作る必要があり、変化があった項目だけに絞って収録したのが、補巻なのです。たとえば、憲法、天皇、共産主義、といった項目が全面的に書き改められ、新項目には基本的人権、原子爆弾、勤労動員、学童疎開、国際連合、五・一五事件、ゲッペルス、コールド・ウォー、現代仮名遣いといったものが加えられています。補巻は、1945年8月15日を境に、日本社会のどの部分が変わったかを検証するよい資料なんです。

## 知は時代に応じて変化する

時代ごとに輪切りにした「知」があり、その「知」の型は、他の時代の型と権利的に同格です。近代科学から見ると、占星術や錬金術はナンセンスですが、それ自体で完結した型なので、非科学的だと言われてもゆるぐことはありません。そこをとらえずに時代遅れだと思っても間違ってしまうし、固定化された絶対的なものだと思っても間違えてしまいます。

少し前ですが、札幌の市議会議員がアイヌ民族は存在しないとツイッターで発言し[※]て騒動になったことがありました。

彼は1970年代の『世界大百科事典』の記述をベースに発言したのですが、

1970年代と2014年では知の地盤が変わっているので、現代の知の型とズレがあるのです。

1970年版の『世界大百科事典』の記述を見てみましょう。著者は、アイヌ出身の言語学者・知里真志保《ちりましほ》です。

今これらの人々は一口にアイヌの名で呼ばれているが、その大部分は日本人との混血によって本来の人種的特質を希薄にし、さらに明治以来の同化政策の効果もあって、急速に同化の一途をたどり、今やその固有の文化を失って、物心ともに一般の日本人と少しも変わるところがない生活を営むまでにいたっている。したがって、民族としてのアイヌはすでに滅びたといってよく、厳密にいうならば、彼らは、もはやアイヌではなく、せいぜいアイヌ系日本人とでも称すべきものである。

この項目は2007年に改訂されています。

日本の先住民族。アイヌとは、アイヌ語で神に対する人間・男を意味し、男性への敬称にもなる言葉である。16世紀末に来日したポルトガル人宣教師の記録をはじめ、その後の日本人による文献にも、自らをアイノと呼び、居住地をアイノモショリ（アイヌモシリ）といっていたことが書かれているが、民族名称になったといえるのは近代以降のことである。しかし、近現代の日本社会においてはアイヌと呼ばれて差別を受ける状況があったため、アイヌという名称を避け、自称他称ともにウタリ（同胞の意）という名称が使われることがあった。現在ではアイヌという名称に誇りがもたれるようになってきている。

古代・中世にエミシ、エビス、エゾ（漢字では毛人、蝦夷、夷、狄など）と呼ばれていた人々は北日本の住民であってもアイヌであるとはかならずしもいえないが、江戸時代にエゾと呼ばれた蝦夷地の住民はアイヌであって、その存在はYezoなどとして西欧にも知られていた。居住地は北海道、南サハリン、クリル列島に広がっており、北海道アイヌ、樺太アイヌ（サハリンアイヌ）、千島アイヌ（クリルアイヌ）と呼ばれ、言語や文化の違いがあったが、樺太アイヌと千島アイヌは近代の日露関係と第2次世界大戦の結果、北海道に移住を余儀なくされた。そのため現在では、樺太

［※］2014年8月11日、札幌市議会議員（当時）の金子快之氏が、ツイッターで「アイヌ民族なんて、いまはもういないんですよね。せいぜいアイヌ系日本人が良いところですが、利権を行使しまくっているこの不合理。」と発言。金子氏は発言の撤回・謝罪を拒否した。

や千島のアイヌのことが忘れられがちである。母語はアイヌ語であったが、19世紀後半からの同化政策により、急激に日本語を母語とするようになった。北海道に2万3767人が居住し（1999年北海道〈北海道ウタリ生活実態調査報告書〉）、東京都に推定2700人（1989年東京都〈東京在住ウタリ実態調査報告書〉）が居住するとされている。日本に統合されてから3、4世代経過した現在、誰がアイヌであるかを定義することは困難となっているが、この数字に含まれる人々の周辺にも、アイヌとしてのアイデンティティをもつ人々が存在している。

---

先住民・少数民族の権利や文化の保護運動は、1980年代に入ってから世界中で高まり、日本でも、1997年に〈アイヌ文化振興法〉ができました。学知というのは、時代に応じて変化します。そして、百科事典は、ある特定の時代における知を体系的に提示したものです。それですから、時代の構造転換が起き、学知が変化すると、百科事典に収録する項目や記述も変わります。そのことをおさえずに、百科事典に書かれていることはすべてが事実であるという読み方をすると、正しく活用することはできません。

## まず型にはまった知を身に付ける

もうひとつ大きな違いとして挙げられるのが、編集権についての考え方です。Wikipediaは「集合知（Collective intelligence）」を前提とするので、そもそも編集権を軽視する立場にあります。

集合知とは、ひとりひとりの知識や経験は限定的だけれど、それをあわせれば素晴らしいものになるという考え方です。しかし、これは、私的な領域でも国家の領域でもない公共圏が成立していなければ成り立ちません。公共圏は民主主義の基本ですが、各国で認識が違うので、Wikipediaのあり方も違います。ロシア語版は、ソ連時代の監視社会体制をそのまま引きずっていることが、項目を見ることでわかります。たとえばプーチンの項目には、愛人カバエワとの間に子どもが生まれたといったようなことは触れられていません。Wikipediaは書き込み者が特定されてしまうので、書き込んだらどういうことになるのか、みんなよくわかっているからです。IT化で個人がより意見を発信できるようになったというのが西側諸国の感覚ですが、監視が強まっているというのがロシア人の感覚です。日本のインターネット文化は2ちゃんねるの影響が強いので、「あらし」が多く、出典が明らかでない記述や、論点が拡散した記述も多く見られます。書き手の恣意性が強く出てしまっています。ドイツ語版は「あらし」は少ないし、仮にあっても、すぐに削除要請が出ます。チェコ語版もドイツ語版に近く、特に哲学、歴史に関する項目は、非常に細かいところまで註をつけ、論争を展開しつつ、ひとつの方向に収斂《しゅうれん》していく傾向があります。英語版は様々な意見が書かれていますが、日本のような極端な独自研究がのっていることはありません。これは、英語が世界語なので、あちこちからアクセスがあり、チェック機能が働いているということなのかもしれません。また、英語版は、商業上の宣伝になっているから不適切だという議論がよく出ていて、アメリカ的な文化を反映しているように思います。

このように、編集は一般の人でもできるという考え方に立つWikipediaに対し、百科事典は、編集は専門家にしかできないという発想のもとに制作されています。そのジャンルについて体系的な知識のある人が編集委員となり、項目立てや、執筆者を誰にするかを吟味したうえで制作するため、信頼性が高い。その項目についての問題が俯瞰できるので、自分がすでに知っていることは何か、知らないことは何かという、知識の整理をすることもできます。索引を使えば、一見関係のない事項の間にも連関性を見ることができるので、知識を広げることもできます。

ただ、Wikipediaのような双方向性はありません。記述が間違いではないかと思っても、読者は出版社に手紙を書くくらいしかできません。かといって、インターネット媒体なら双方向性があるというわけでもなく、たとえば新聞の電子版は、コメントをすぐに送ることはできますが、紙面には反映されません。同じインターネット媒体に見えても、WEBRONZA（朝日新聞社）は、コメントの受付もなく、紙に書かれているものを電子版にしたという発想です。また、朝日新聞と産経新聞の編集方針が違うように、編集する立場によって、同じテーマを扱っても中身は違ってきます。

つまり、編集とは、知の土俵を設定する作業なんです。編集機能が入ると通説から極度に離れるものには留保がつく、もしくはハネられてしまうので、知的な世界での主流と傍流の見分けがつきます。

何かを学ぶときには、まず、型にはまった知を身に付けることです。最初から型破りなことをするのは、ただのでたらめでしかありません。基礎がないところには応用もないし、基礎をおさえていないと、間違った方向に進んでいってしまいます。問題意識先行型の学生は、着想が良くても、基礎的な学問手続きを踏んでいかないと、その後に伸びていきません。最終的には、従来の研究になかった型破りな発想をしてほしいのですが、そのためには、やはり型を知らなければなりません。知には、かならず先行する学説があります。学問的な用語は、すべて過去の蓄積の上に成り立っており、その蓄積を無視して独創的なことをやろうとしても、私的な言語、でたらめになってしまいます。ただ、先行思想をきちんとふまえて何かをやろうとすると、一生のほとんどを先行思想の研究に費やしてしまうので、どこまでを覚えておかなければいけないかという線引きをする必要があります。

その意味でも、百科事典のように、縦の歴史と横の歴史をおさえ、体系だった記述がなされるように編集されたものを読み、閉じている型を知ることは、型にはまった知を身に付けるという意味でとてもいいのです。何かを勉強しようと思ったときには、まず百科事典のその項目を読み、基礎知識をおさえたうえで臨めば、勉強の効率化が図れますし、関連書の主張が本流なのか傍流なのかの見分けをすることができます。

『広辞苑』（岩波書店）は、辞書として優れていますが、百科事典的な体系だった説明には弱い。昔の『現代用語の基礎知識』（自由国民社）は、一巻本百科事典の役割を果たしていたと思います。いまの『現代用語の基礎知識』は、「日本外交」の項目は私が書いているんですが、著者の独自見解でいい、という方針です。『文藝春秋オピニオン　二〇XX年の論点100』（文藝春秋）は、論点の選び方が恣意的で、そのジャンルの専門家でない人が執筆者に入っています。論壇において影響力がある人に、対立的見解を示してもらうというやり方なので、百科事典的な視点はないわけです。

## 佐藤優をつくりあげた百科事典

私が初めて百科事典に触れたのは、小学校2年生のときです。父が買ってくれた学研の8巻本で、動物の項目を読んでみたり、世界の国旗をおぼえてみたり、通しで2回は読みました。平凡社の世界大百科事典は、小学校6年生のときに、父が買ってくれました。当時、「ほるぷ」という販売会社が月賦で売っていて、夜勤帰りの父親がセールスマン相手に酔っぱらった勢いで買ってしまいました。中学2年生のときに、全巻を無理して読んだことで、ある項目のどこが理解できて、どこが理解できなかったか、という自分の知識の仕分けをすることができました。購入者用の付録に、小松左京さんたちが書いた『百科事典操縦法』(非売品)という、百科事典の役に立つ使い方を指南してくれる新書があり、それに書いてあった「百科事典の項目をコピーしてホッチキスでまとめる」を実践していました。みなさんも時間的な余裕があれば、百科事典で自分が弱いジャンルのページをスキャンして、オリジナルの百科事典を作ってもいいかもしれません。

同志社大学神学部に入ってからは、ドイツで19世紀から出ている宗教専門の百科事典RGG（Religion in Geschichte und Gegenwart）をよく使いました。著名な神学者が執筆者なので、これを引きながら、神学の基礎知識を身に付けたのです。

外務省に入ってからは、『ソビエト大百科事典』全30巻を読み込むようになりました。レーニン時代の初版、フルシチョフ時代の二版、ブレジネフ時代の三版があり、四版は制作途中にソ連が崩壊してしまいました。これはソ連の公式な立場を知るのに非常に役立つので愛用していました。というのも、当時敵国だったソ連は、ほとんど情報を開示していなかったからなんです。スターリンについては、歴史の教科書でも1行触れているぐらいで詳しいことがわからなかったのに、『ソビエト大百科事典』のスターリンの項目を引けば、写真や著作も含め、詳しい経歴が出ています。フルシチョフのように失脚して表舞台から姿を消した人物の経歴も出ており、ソ連の公式見解をつかむことができるので、アメリカも三版全巻を英語に翻訳していたほどです。ほかにも、無神論国家ソ連ではほとんど情報が流通していなかったキリスト教や神学の項目も収録されていて、20世紀最大の神学者である「カール・バルト」の項目もきちんとありました。

この百科事典には誤植がありません。というより、ソ連時代の本は、ほとんど誤植がないんです。5か年計画のなかで販売予告をし、注文を集めてから出版をするために、重版をしない前提で本を作るからなんです。たとえば、2016年には、2020年第三四半期にどういったテーマで本を出すかという販売予告を出し、注文を集め、政治的判断も加味しつつ、部数を決めます。ブレジネフ時代の150万部のベストセラーが『小さな土地――ブレジネフ回想録』だったというのも、そういう理由があります。

いまのロシアに関しては、一巻本の『ロシア百科事典』をよく使っています。ロシアでは、体系的に知を網羅する百科事典は、利益を追求する商業出版にはなじまないという考えのもと、国がお金を出して制作しています。ロシア政府の公式見解が反映されているので、情勢を分析するのにとても役立ちます。

イスラム国が出てきた背景については、1988年にモスクワ政治文献出版所が出した『イスラーム――無神論者のための事典』を使っています。当時、ナゴルノ・カラバフで、アルメニア人、アゼルバイジャン人の深刻な民族対立が起きており、キルギスやタジク、ウズベキスタンの中央アジアでも民族衝突が起きていました。この要因には、イスラームの教養が深く関係しているんですが、ソ連は無神論を国是《こくぜ》として掲げてきたので、党の幹部達にはイスラームの知識がありません。それで、ソ連共産党中央委員会が科学アカデミーに緊急指令を出して制作した事典なんです。イスラームの基本知識と歴史的に重要な人物、原理主義の危険性といったようなことがきちんとまとまっています。日本政府も、こういった用語集を制作していますが、外部には出てきません。当時のソビエトは国家統制がきいていたのがプラスになって、一般流通をさせていました。

ウクライナ情勢が緊張してきてからは、ロシア書籍専門店のナウカ・ジャパンで入手した5巻本の『ウクライナ百科事典』をよく使っています。「ステパーン・バンデラ」（ウクライナ民族解放運動の指導者）、「ウクライナ民族軍」などのベーシックな情報は、この百科事典に拠っています。当時のウクライナからは好ましくない人物なので、一般の書籍には出てこないんですが、百科事典ではきちんと項目になっているんです。

日常的には、モスクワにいる時に入手した、東ドイツ版のマイヤーの小百科事典を使っています。項目も多いし、記述も簡潔で使いやすい。西ドイツ版のブロックハウスの20巻本も持っていて、こちらは箱根の仕事場に置いています。

最近は、なかなか手に入らなかった東ドイツ版のマイヤーの百科事典をeBayで手に入れました。１９７２年発行の全18巻の百科事典です。日本国内で古本屋さんに

50万まで出すと言って探してもらっていたんですが、見つかりませんでした。それがeBayで350０円で買うことができました。ぱらぱらとめくっていると、安部公房の項目が写真入りであるんです。安部公房は、ソ連や東ドイツ、チェコでもよく読まれていて、ソ連の官僚は、『砂の女』の不条理な世界は西側の矛盾を描いたものだ、とプロパガンダに使おうとしたけれど、読み手は、ソ連、東欧社会を描いていると思って読んでいました。マイヤー版では、簡単な経歴と、『砂の女』や『箱男』といった作品名も出ています。対するブロックハウス版は、1984年に出た版でも、安部公房については生年と、日本の作家ということ、作品は『砂の女』だけで、2行だけしか触れていません。

ドイツには、マイヤーとブロックハウスという二つの百科事典を出す会社があり、東西に分かれた時に、ブロックハウスは西に、マイヤーは東西それぞれに分かれました。戦後、西ドイツのマイヤーは一巻本の百科事典を作らなくなったんですが、東ドイツは作り続けました。神保町の田村書店でマイヤーの一巻本百科事典を300円で入手しましたが、もう一度引き直すことがないように、わかりやすい単語で書かれていて、項目もよくおさえています。

ドイツ、ロシア、チェコの知識人の家庭には、いまでも百科事典があります。千冊を超える蔵書に加え、かつ非書誌的な参考書として小百科や4〜5巻本の百科事典もある。アイスランド、ラトビア、リトアニアなどの小国も、百科事典のある家庭が多い。文化はタニマチがいないと成り立たないので、小国の人ほど、自分たちの文化を維持していくために百科事典を所有しようという意識があるのでしょう。

## 知識の欠損をどう埋めていくか

ただ、百科事典は、そもそもが一般の人に知を普及させるという目的でできているので、もともとの「反知性主義」と通じるところがあります。

前述のように、私は反知性主義を「客観性、実証性を軽視もしくは無視して自分が欲するように理解する態度」と説明しています。これはナチズム、ファシズム、スターリズムの歴史を経たあとの解釈です。

ICUの教授である森本あんりさんが書いた『反知性主義——アメリカが生んだ「熱病」の正体』(新潮選書、2015年)という本があります。この本で、森本さんは、本来の意味での反知性主義を論じています。つまり、反知性主義=民主主義である、と。アメリカはピルグリム・ファーザーズがプロテスタント主導でつくった国であり、名門校であるハーバード大学やプリンストン大学は、神学者を育成するために設立されました。すごく些末な議論をするプロテスタント・スコラ学というのがあり、大学を出ておらず、それに通暁していない人はキリスト教について発言権がないという当時の風潮に、「教会は頭の出来で人を差別するのか」「普通の人たちにわかるレベルで話をしろ」と反発する流れが起きます。この流れ、つまり、大衆に教養を普及させていくというのが、「反知性主義」だったのです。ただ、この反知性主義には、高度な知識がなくても物事は判断できるという考えが潜んでいるので、間違ったかたちで発達すると、わかりやすくて大衆にウケればいいといったようなものも出てくるし、先ほどの私の定義に似たものも出てきてしまいます。

高等教育は大学以上ですから、百科事典は、高校レベルの知識がある人が理解できる内容になっています。それなので、百科事典を読んでもわからない人は、ピケティがわからないことにも通じますが、高校レベルの知識の欠損があります。

私は高校1年生の秋頃から受験勉強をサボって逃げてしまい、同志社大学に入ってから数学で苦労しました。神学は数論、集合、論理、捨像と、数学と隣接しているところがあるので、数学的概念を理解していないと行き詰まってしまうんです。それで、工学部の授業を聞かせてもらってフォローしました。また、日本では、キリスト教は仏教の文脈で受け入れられているので、四天王寺女子大学（現在の四天王寺大学）の工藤成樹先生のインド仏教の講義もとりました。こういう柔軟な選択ができたのは、同志社大学だったからだと思います。いわゆるミッションスクールはキリスト教をとおして日本を植民地化することを目的としていました。これに対して同志社は、ミッションスクールでなく、キリスト教主義大学だという自意識を持っています。外国人の言いなりにはならない、日本に土着化したキリスト教を形成するという意識が同志社には強いです。同志社も当初は詰め込み教育だったのですが、植民地主義の遺産ではないかという声があがり、カリキュラムを個人に合わせてきめ細かく指導する、という方針に変わりました。そのおかげで、大学時代に高校レベルの勉強の欠損を埋めるという経験ができ、外交官試験にも役立ちました。

世の中にある試験のほとんどは、ある程度の時間をかけて、積み重ね方式で本を読んでいき、決まった時間内でアウトプットする訓練をすれば、たいてい合格できます。高校レベルの知識が欠如していると気づいたら、そこに戻ればいいのですが、どこに戻ればいいのかを判定するのは難しい。真面目な人はイチからやり直しますが、このやり方だと、わかっているところは集中して取り組まないので、結局どこからわからなくなったのかの線引きが難しくなります。そういう問題を抱えている人は、リクルートがやっている「スタディサプリ」というインターネット予備校の現代文の授業をとるといいでしょう。論理をつかむことと、その論理にいかに慣れるのかが課題なんです。論理の世界には、数学や論理学のように数字や記号等で説明する世界と、言語で説明する世界があります。現代文は、後者の、日本語という言語による論理の訓練です。文章を論理的に体得するコツがつくと、ピケティの文章のどこがひっかかっているのか、「これ」「それ」などの指示代名詞が何にかかっているのかがわかって、読めるようになるでしょう。

## いまこそ体系知を見直す

百科事典は、誰もが読んでわかるということを主眼に制作されました。でも、いまの標準的な高校生が読んで、理解することができるでしょうか。理解できないとしたら、それは基礎教養が変わってしまった、知の地盤が変わったことを意味します。ならば、いまの時代にあわせた百科事典を作りなおさなければいけないのですが、百科事典の筆者は大学の教授が中心なので、いまの読者がどこまでだったら理解できるかがわからず、制作したとしても現実には使われないものになるかもしれません。「知らなくても問題がない」と受け止める人が増えると「知」が軽視されていってしまいます。一昔前までは百科事典で知識を身に付けるのは利口な人間がやることではないという認識でしたが、それは正しくありません。チェコの教育学者・神学者であるヤン・アーモス・コメニウスが、人間は限界を知らないものには恐れを感じるが、百科事典は知識人が身に付けておくべきものの限界であり、これ以上の細かいことになったら知らなくても恥ずかしくはないと言っていますが、百科事典を読んで知識を体系的に身に付けることで、知識の枠組みを知ることができるのです。

重要なのは、あくまで体系的でなければいけないということです。非科学的だけれど合理的な議論に対しては、体系知からの反論をしなければなりません。たとえば「自分の子どもが感染症にかかってしまった、これは誰かが呪いをかけているに違いない」というような主張は、それ自体では筋が通っていて合理的ですが、他分野との連関からみるとナンセンスです。個別の枠内にいると見えないことが、複数の枠――体系知があれば見えてくるのです。

ただ、日本のアカデミズムは、60年代の学園紛争やその後のポストモダンの影響を受けて、体系的に何かを示すということをしなくなってしまいました。学園紛争により、大学は教育研究機関として破綻してしまったし、ポストモダンにより大きな物語は否定され、小さな差異が強調されるようになりました。それがよく表われているのが、歴史書です。１９９０年代に「岩波講座世界歴史」の新版が出ましたが、フランス革命を扱った巻は、ハイチの黒人革命とフランス革命の連関や、フランス革命におけるジェンダーといった細かいテーマの論説でできています。旧版は、古代、中世、近代、現代といった時代区分をしていましたが、新版は時代区分という考え方自体が支配者から見た歴史だという、ポストモダンやポストコロニアリズムの影響が強く、通史という考えを否定しています。だから、各テーマごとの論文集を出すことが歴史への新しいアプローチだ、というような頓珍漢《とんちんかん》なことになってしまいました。しかし、通史として、きちんとした物語の歴史を作らないと、最近の書店の歴史書コーナーのように、箸にも棒にもかからない言説が市場で流通してしまう。人間は物語を作る動物なので、大きな物語を作ることをしなくなったら、粗悪な物語が流通するようになってしまいます。だからこそいま、「知」の土台作りをしていかなければならないのです。

# 第2章

# 知の枠組を身に付ける

## 先行する思想の鋳型を知る

この章では、戦前と戦後の百科事典を読み比べてみて、体系知とはどういうものかを感じてもらいましょう。

最近、安倍首相肝煎りの日本経済再生本部が、少子高齢化社会における介護やサービスをロボットに担わせる戦略を提唱しています。そこで、「ロボット」について、どのような記述がなされてきたのか、まず戦前の『大百科事典』（1931〜34年）から見てみましょう。

## ロボット Robot

今は人造人間の汎称であるが、次第に転じて更に自動的に操作する機械の総称になろうとしている。然しもとはチェッコ人カール・チャペクの戯曲R.U.R (Rossum's Universal Robots) の中の「工場で製造された人間」に由来し、ボヘミヤ語の「労働者」、チェッコ・スロヴァキヤ語の「無賃労働者」の転訛である。これに二種あり、一は活人形のような自動人形で、他はその動作が人間と同等乃至《ないし》それ以上に働く純然自動機械を指す。(旧字・旧仮名づかいは新字・新仮名づかいに改めた。)

この箇所には、一か所、明白な間違いがあります。チェコ語とスロバキヤ語はありますが、チェッコ・スロヴァキヤ語という言語は存在しません。たとえば、「さようなら」はチェコ語だと「ナ・スフレダノウ」、スロバキア語だと「ド・ヴィデニャ」なので、この二つの言語はだいぶ違います。

(中略)更に一五八〇年頃にはチェッコ・スロヴァキヤのプラーグ市で、ラッビ・レーヴがゴーレムという人造人間を作り、十三年間も生存したという。このように古くから精巧な機械的自動人形はあったことがわかる。

「ラッビ・レーヴ」の「ラッビ」は、ユダヤ教の宗教的指導者である「ラビ」のことです。この項目を書いた人は、英語かドイツ語の文献を参考にしたのでしょうが、「ラビ」を知らなかったんでしょう。「レーヴ」はライオンなので、ライオンという名前のラビのことなんです。

ユダヤ教には、昔からの伝承があります。１００年に一回、世界ユダヤ人会議が行われるプラハのユダヤ人ゲットーに、レヴという律法学者が住んでいる。レヴはラビでもあって、苦しい労働から人間を解放することを考え、食事も睡眠も取らずに、命令を忠実に聞くゴーレムを土から作ることに成功した。ところがゴーレムはどんどん成長してしまい、額に張ったシールの文字を消すことで、また土に戻し、一から作りなおさないといけない。ある時、レヴがそれを忘れてシナゴグに籠ってしまった。すると10メートルぐらいの巨大なゴーレムになって、プラハのユダヤ人街を破壊し始めてしまったんで、ゴーレムを壊し、今後こういうものは二度と作らないと決めて封印をした、という伝説です。

Wikipediaの「ゴーレム」の項目にも、このことが書かれています。

### ゴーレム

ゴーレム（ヘブライ語：גולם、英語：golem）は、ユダヤ教の伝承に登場する自分で動く泥人形。「ゴーレム」とはヘブライ語で「胎児」の意味。作った主人の命令だけを忠実に実行する召し使いかロボットのような存在。運用上の厳格な制約が数多くあり、それを守らないと狂暴化する。ラビ（律法学者）が断食や祈禱などの神聖な儀式を行った後、土をこねて人形を作る。呪文を唱え、「אמת」（emeth、真理）という文字を書いた羊皮紙を人形の額に貼り付けることで完成する。ゴーレムを壊す時には、「אמת」（emeth）の「א」（e）の一文字を消し、「מת」（meth、死んだ）にすれば良いとされる。

---

このゴーレム伝説を、カレル・チャペックが『R.U.R.』という戯曲にし、「ロボット」という言葉が生まれました。荒唐無稽と思われていたユダヤ教の伝承からロボットを思い浮かべたら、現実に工業用ロボットになったんです。

ロボットのように、これまでにない発想を生み出すことができるのは、一種の才能です。佐村河内さんのゴーストライター騒動がありましたが、アイデアを発展させ、1を100にしていけるかどうかはテクニカルな問題で、0から1を生み出すのが難しいのです。

　宇宙開発にも、同じことが言えます。技術の軍事転用を目指して先進国がしのぎを削っていますが、ロケットや宇宙船という発想は、ニコライ・フョードロフ（１８２９－１９０３）という百科全書的な知識を持ったロシアの思想家がいたから生まれました。フョードロフは、ルミャンツェフ図書館（旧レーニン図書館、現ロシア国立図書館）の図書係でした。モスクワのソクラテスと言われるほどの博識で、ドストエフスキーやトルストイが訪ねていたインテリです。書いたものは本人が焼き捨ててしまったのですが、死後に弟子たちが編んだ『共同事業の哲学』だけは残り、昭和18年に白水社から抄訳が出ました。どういう本かというと、近未来に人類は新しい生命科学に到達して、アダムとエバ以降の人類がすべて生き返る万人復活が可能になる、そうすると土地も食料も不足するから、地球と似たような惑星への移動計画を立て宇宙進出をしなければならないという内容で、フョードロフはロケットの基本的な構想図を作りました。その図がツィオルコフスキー、フォン・ブラウン博士に流れ、発展していくのです。ソビエト時代には、万人復活説は削除され、ロケット工学の先駆者としてフョードロフは紹介されていました。しかし１９８０年代の終わりにペレストロイカの流れで万人復活思想が解禁され、オウム真理教などの宗教運動にも影響を与えます。

オウム真理教は魂が残っていれば復活が可能だととらえていましたが、裏返すと、穢れきった魂は復活できないということです。だから、オウム真理教という正しい教えを妨害しようとしている人たちは魂が穢れているので、死後に復活できなくなってしまう、万人復活という人類の大救済事業で復活できないのはかわいそうだから、まだ罪が軽くて魂がきれいなうちに殺してしまえば復活はできるという論理が出てきたのです。大量殺人はうらみつらみではできません。必ず、それを正当化するイデオロギーがあり、それは人類救済になることが多いのです。ちなみに、ルターもドイツ農民戦争の時に同じようなことをしています。農民は武器を手にしているけれど、権力に対して反乱するのは最大の罪であり、できるだけ罪が少ない段階で殺せば、終わりの日に復活の可能性が残る。彼らを救済するためにすぐに鎮圧すべきだ、とルターは領主に進言し、実際に領主は聞き入れました。オウム真理教のポアは「狂気だ」と言われましたが、同じことをしたルターの思想も狂気だったのでしょうか？　異常な現象に見えることでも、必ず先行する思想のなかにその片鱗があるので、思想の体系は身に付けておいたほうがいいのです。

それでは、ロボットの記述に戻りましょう。

近来電気工業の発達に伴い種々の形式のものが発明されたが、中で最も名高く実用価値のあるものと賞讃されたのはアメリカのウェスティングハウス電機会社の技師ウェンスレーが発明したテレヴォックスである。これは漫画風の角ばった人形で、胴体内部に振動数の異なる二箇の音叉と鋭敏に働く同調継電器とを組合せた受信部があり、また二本の録音されたフィルムと光電管の作用でトーキーのように発音する返信部が別に設備されて、例えば外出の際このテレヴォックスを自宅の電話に継ぎ、留守中答えるべき言葉を録音したフィルムを胴体内にかけて置くと、他から電話がかかった時、これが「只今、主人不在、午後何時に帰宅の予定」というような返事を正確に答えることになる。その他スウィッチの継ぎ方によっては電話を通じて手足を動かし、適当な種々の仕事をさせることもできる。今一つイギリスのリチャーズの発明したエリックという中世紀騎士風の形の人造人間がある。これは大小数多の歯車と杆《てこ》の作用で各関節が自由に動き、体内に装置した電話を用いて演説や来客の受附け等を行う。その他これ等に類した精巧な自動人形は最近特に増加し、主として商店の広告に利用されている。なお第二種の外観が少しも人間らしくない自動機械は近来いよいよ夥しく、手近な例は電話の自動交換装置、停車場の乗車券自動販売器、内閣統計局のカード分類器、煙草やキャラメル等の自動製造器等はそ

——れであるが、これはむしろ人造にすべきものである。

このころのロボットのイメージは、せいぜいこんなもので、自動販売機も大変な発明だったということが読み取れます。

現在の百科事典の記述を読んでみましょう。まず定義と【歴史】があり、ざっとした概略をつかんだあとに、中見出しとして【現代のロボット】、小見出しとして【産業用ロボット】【知能ロボット】【その他のロボット】【ロボットの諸問題】という各論を提示するという構成になっています。

---

**ロボット　robot**

現在一般にロボットという言葉は、無人装置、自動制御などと同じ意味に用いられている。産業用ロボットや深海や惑星の探査機などがそれである。歴史的には人間に近い外観をもち、機械や電動装置で人間と同じような作業ができるものをさしていた。漫画やアニメーション、またSFの中で活躍しているロボットがそれで、人工的につくられるので人造人間artificial man、人間に似たものであることからアンドロイド、ヒューマノイドhumanoidなどとも呼ばれる。有機体と機械を合成したサイボーグも広義のロボットといえ、さらにからくり人形（自動人形automata）の類もロボットの先駆形態と考えることができよう。ロボットという名称が初めて使われたのは、K.チャペックの戯曲《R.U.R（エルウーエル）》（1920）においてである。これはチェコ語で〈強制労働〉を意味する語ロボタrobotaからきたもので、その点では現代の工業用ロボットの感覚に近い。ただし、この作品に登場するロボットは、機械人間ではなく、有機質の合成人間である。

この記述に「有機質の合成人間」「〈強制労働〉」とあるのは、ゴーレム伝説の影響上にあるからです。私が百科事典の「ロボット」の項目の著者になったならば、ゴーレム伝説にふれます。

［歴史］最古のロボットといえるのは、ギリシア神話の名匠ダイダロス、あるいは鍛冶神ヘファイストスの手になると伝えられる青銅の怪物タロスであろう。くだって中世にはユダヤ伝説の巨人ゴーレムが登場する。ただし前者の活力源は牡牛の血液であり、後者も魔法で動く泥人形にすぎなかった。中世以降には錬金術師がレトルトの中で合成するという矮人ホムンクルスの伝説も流布した。またR.ベーコンは

〈青銅の頭〉と呼ばれる人工の頭部をつくり予言を行わせたという。機械じかけの人形を製作することは、それ以降近世にかけて特に盛んに行われるようになり、近代的ロボットの前史を形成した。これに加え、みずからも自動人形を所有したデカルトの出現とともに、人間の身体生理機構を一種の機械とみる考え方がフランスを中心に広まり、ラ・メトリー《人間機械論》（1748）などの出版をみた。人間が機械から区別される要因は、魂や理性をもつことにもとめられたが、18世紀にはこれすら機械的な本質をもつとする考え方も生じた。

---

「ラ・メトリー」は、日本ではほとんど知られていませんが、『人間機械論』（岩波文庫、1957年）という本を出しています。人間は時計と同じ非常に精巧な機械であり、変な油をさすと時計が壊れるように、まずいものを食べていると変な思想が出てきてしまう。うまいものを食べないとまともな思想も出ないし、働くこともできないという発想をし、人間は物質にすぎないということを徹底した近代初期の唯物論者として重要な人です。

――これらの動向を背景に19世紀に入ると、文芸の方面でE.T.A.ホフマンの《砂男》

（1816）に機械の舞姫オリンピアが登場する。また、M.シェリーの《フランケンシュタイン》（1818）の怪物は、人間や動物の死体の不細工な寄集めだが、この作品は、擬似科学的な書きぶりと、人間のつくったものが人間に反逆するというSFの基本テーマをふまえている点で、正統的なロボット文芸の始祖と目される。前出の《R.U.R》のテーマはその延長線上にある。一風変わったところでは、ビリエ・ド・リラダンの《未来のイブ》（1886）が、機械美女アダリーを生んだエジソン（アメリカの発明王エジソンがそのモデル）の才能にことよせて科学技術の精華をひたすら詩的にうたいあげているのが興味深い。

---

「M.シェリー」は、「メアリー・シェリー」です。有名なロマン派詩人シェリーの奥さんで、サロンにみんなで集まった時に即興で、フランケンシュタイン博士の作った怪物物語を生み出したのです。いまフランケンシュタイン＝怪物と思われていますが、本来はフランケンシュタインは博士の名前で、博士が作った化け物がお化け屋敷なんかに行くとある怪物であり、当初の語の意味が、少しずつズレていった、いい例です。

# 人工知能と倫理

20世紀に入って、科学技術の発展によりロボットの開発が現実的問題になりだす1940年代初頭には、I.アシモフが〈ロボット3原則〉を提示して、従来のロボットSFの抽象性と矛盾を払拭し、明快な論理をそこに据えた。この3原則は、(1)ロボットは人間に危害を加えてはならず、また人間が危害に遭うのを見のがしてもいけない、(2)ロボットは人間から与えられた命令に、それが(1)に反しない限り従わなければならない、(3)ロボットは(1)、(2)に反しない限り自分の身を守らなければならない、という3条文から成る。これはいわば工業技術製品の理想像を示したもので、アシモフの《われはロボット》(1950)をはじめとする諸作は、こうして人間の良き友となったロボットの姿を映すと同時に、その3原則を踏みにじりつつ発展をとげてきた人類の科学文明の正体を暴く効果をもあげている。かつて悪魔に比せられる怪物であったロボットが、こうして人間のレベルでとらえられたわけだが、現実の工業ロボットの現状からみて、これが再び人間を超える運命にあることは明白なようだ。D.F.ジョーンズの《コロサス》(1966)では、国防用の巨大コンピューターが人類の安全のために人類を支配する。アシモフ作品でもロボットは結局人類を下から支え操る存在となることが予言される。

このロボット3原則はSFの世界のように見えますが、人間が開発する機械とは人間に危害を加えるべきではない、他者危害を加えるような命令をしてはいけない、それ以外では機械を使っても構わないという理屈が、ここで出てきたのです。【現代のロボット】の【知能ロボット】【ロボットの諸問題】の項目を見てみましょう。

**【知能ロボット】**

知能ロボットは、人間の仕事を代行しうるロボットで、人工知能の研究成果を積極的にロボットづくりに導入したものである。〈人間の知能をどこまで工学的に実現しうるか〉という人工知能の研究は、1969年アメリカで第1回国際人工知能会議が開催されたことに始まる。

人間の知的な仕事のなかで、〈問題解決〉は大きな課題である。自己の能力で問題を把握し、それを解決することは、まさに人間の知的行為の最上位に属するものである。といって、すべてが高度なものではなく、人間にとってはやさしいが、機械にとっては困難なこと、たとえば、障害物を巧みによけながら移動したり、作業したり、ころがっている物体をつまみあげたり、人間の音声により忠実に作業するなどのことがある。とくに、人間の知的行為の基本には、みずからの作業環境や人体それ自身が構造化され、脳の中に立体地図として書き込まれている。対象に対するこうした空間的かつ立体的な構造化が、今後どこまで人工知能の技術で可能になるかが、知能ロボットの実現にとって大きな課題である。

〈人間の知能をどこまで工学的に実現しうるか〉とあるように、当初は人間の知的行動を機械で実現することを目標としていましたが、いまは、人工知能にできないことは何かを通して人間とは何かを考えるというアプローチに変わってきています。こういった変化も、時代ごとの学知の型があるからこそなのです。

【ロボットの諸問題】
多くの生産工場では、労働者は危険で時として退屈な手作業を産業用ロボットが代行してくれることを歓迎している。オートメーションの進展とともにこの傾向は強まりつつあるが、先端技術といえどもその運用・管理は、ともすれば軽薄なまでに単純化され、そのため技術に対する人間としての感性のふれあいが、いまや失われつつあるのも事実である。このことを立証するかのように、時として生じる悲惨な大事故は、われわれに機械と人間のシステム上のギャップをまざまざと見せつけるのである。そこには、機械システムとその秩序をつくる人間と、それを運用・管理する側の人間とに大きな断絶がおこることを示すのである。ロボットの活路は、こうしたインターフェースの分野にこそあるが、技術的にまだまだ解決すべき多くの課題がある。とりわけ、現代社会での効率性や経済性などを考慮すると、ロボットの活躍する環境は制限されてくる。

こうしたなかで、ロボットもつぎつぎと研究開発され、人間の感覚機能や推論機能の一部を導入することも実現され、成果をあげつつある。そこで、ロボットの開発とその導入について、いくつかの問題点をあげてみよう。まず、開発については、メカトロニクスの部品を組み合わせるとともに、光技術の研究成果を導入し、それぞれの〈かかわり合い〉を重視した研究課題を設定する。たとえば、人間の〈生きている状態〉を総合的に把握し、それを技術的に実現する研究課題などがある。このことは総合的な光―メカトロニクスの技術をめざすことで、ソフトとハードの相互において、よりシステム化を促進することである。さらに、ロボットの社会への導入については、人間の生理学的かつ心理学的な側面はもちろんのこと、人間集団の文化的、社会的特性に注目し、人間の側からロボットによる作業環境と、その秩序づくりに努めることである。

私はこれからロボットなどの人工知能を社会に導入するにつれ、倫理的問題をどう処理するかが問題になってくると思います。

いま、車の自動運転技術が話題になっていますが、事故を起こしそうになって、右か左にハンドルを切らなければならなくなったときに人工知能はどういう判断をくだせばよいのか。マイケル・サンデル教授の白熱教室でも扱われた問題（第1回「殺人に正義はあるか」）ですが、右に1人、左に5人がいた場合、どちらを選べばよいのか。右には高齢者で左には親子づれだったら、右はヤンキー高校の制服を着た学生で左は名門校の制服を着た学生だったら、どちらを選べばよいのか。人間の視界の範囲は200度前後なので、事故の時はとっさの判断ということで済まされてきたことが、人工知能はカメラを付ければ360度見渡すことができるため、事前にプログラミングをしておかなければいけません。保険会社だったら、経済合理性を基準に判断するので、保険金が一番少ないケースを選ぶでしょう。ヤンキー高校の学生と名門校の学生だったら、保険金が少なくて済むヤンキー高校の学生を選ぶのです。アルゴリズム計算でランダムに選ばせればいいという人もいるかもしれませんが、自分が衝突して死ぬことも含めてプログラミングするかしないかは選ばなければなりません。ポストモダンのときに、倫理もその時代の大きな物語から出てきたものにすぎず、様々な価値のひとつなのだという価値相対主義が提唱されましたが、人工知能が発展することによって、こういった根源的な問題について考えなくてはいけないようになります。

日本では、ロボット技術の発展は社会問題にはなりません。高校生のロボットコンテストをニュースで見ても、いいことだなと素直に受け止めるし、iPSやSTAP細胞のような技術開発についても歓迎するムード一色になりますが、ヨーロッパでは、そうはなりません。ユダヤ・キリスト教では、人間は、神の息が吹き込まれて作られたという特権的な地位があるので他の創造物を管理する責任がある、ととらえるからです。またカトリックは、創造物に神の意志を読み込む「創造の秩序」の神学なので、遺伝子操作にも断固として反対します。我々日本人の思考の枠組みには輪廻転生があり、前世での善行悪行の違いぐらいで、他の創造物と人間の間に基本的な差はないと考えるし、技術の進歩に対しても宗教的な規制がありません。どちらが正しいかということではなくて、文化的な刷り込みの違いです。けれど、これから人工知能が発展するにつれて出てくる問題に対して、倫理的な問題を避けては通れなくなるでしょう。

## 技術の進歩は時代の枠組みを超える

ロボットの項目を読み比べるだけでも、1930年代にイメージできていたことをはるかに超えることを実現していることがわかるでしょう。たかだか箱のなかで音叉が反応するぐらいのものしか想像できていなかったのが、将棋の電王戦でロボットが勝つなんて、誰も考えつきませんでした。いまから80年後には、きっと、我々の時代のフレームが通用しない事柄が出てきているんでしょう。

でも、この80年で何が変容したのかというのは、もしかしたら80年後の人類にはわからないかもしれません。というのも、Wikipediaのように毎日改訂されているものは、80年後にも改訂され続けています。ロボットをめぐる80年間のギャップを我々が知ることができたのは、紙の百科事典があるからです。ロシアはいまも国家事業として百科事典を作っていますし、ドイツも国が助成金を出して百科事典プロジェクトを続けていますが、それはある時代における自国の知識の総合体系がどうなっているのかを残すのが国家としての責務だと考えているからです。ビッグデータのように積み上げていくのとは、逆の発想です。

Wikipediaの「ロボット」の構成は1、語源　2、ロボットの定義　3、歴史　4、実在のロボット概略　5、ロボットを題材とした作品　6、主なロボットの研究者　7、実在のロボット　8、脚注　9、参考文献　10、関連項目　11、外部リンクという構成になっています。定義や歴史はつかめますが、4、実在のロボット概略や7、実在のロボットは更新され続けていきます。それに、【ロボットの諸問題】のように、当時の問題意識を提示した項目がないので、時代背景をつかむことは難しいのではないかと思います。

## 時代の視点を残す

戦前の百科事典には、当時の日本の基準がおかしいことを批判的な観点で書いている記述もあります。

**ダンソンジョヒ　男尊女卑**

体力及び精神力に於《おい》て女性は男性に劣ると見做《みな》される。また人格力に於ても男性は強靭にして秩序と統一を持ち意志が堅固であるが、女性はその人格に統一性が薄弱で秩序なく、散漫で軽薄であるといわれている。かくして一般に男性は尊ばれ女性は卑しめられるのである。併《しか》しかかる男尊女卑の思想は、抑〻《そもそも》男性中心の文化に立脚しての評価であって、観方によっては、女性は男性の持たざる種々の長所を具《そな》えているといい得るのである。それ故に結局男尊女卑の思想は、人類の社会生活上、男性がその男性的特質に於て女性の持つその特質を征服したことに成立している評価に過ぎず、何等《なんら》客観的絶対的価値評価ではない。（旧字・旧仮名づかいは新字・新仮名づかいに改めた。）

---

戦前においては、選挙といっても、男子普通選挙でした。その根拠とされたのは、「イエ」の思想です。政治思想は家単位で現れるので、家長が投票すれば、そのイエの思想も投票されるという思想で、〈女性はその人格に統一性が薄弱で秩序なく、散漫で軽薄である〉から、公共圏には出せないものであるという偏見からきていました。しかし、それが主流の時代において、この百科事典には、女性を抑えつけている男性中心の文化から出てくる思想であって、客観性や絶対性はなく、特定の文化のなかの価値評価であるという、現代でいうジェンダー論の視点が入っています。１９３０

年代にこういった記述があるのに、最初の4行のような内容は、いまだに地方議会のヤジなんかで出てくるわけですから80年間ほとんど進んでない、あるいは退行現象を示しているのかもしれません。

原始人類がまだ外部社会と交渉せざる時代は、いわゆる母系母権の時代であって、女性はむしろ男性よりも尊敬されたと思われる。

いまの人類学者の研究では「母権社会」があったとは証明されていませんが、当時はそのように思われていました。生まれた子どもが夫との子どもであるという保証はないけれど、母親が同じである子ども同士は血がつながっていることは明らかだから、血統を維持していくという観点からは、母系のほうが確実です。そういう意味では、母系社会は徹底的な不信の世界に立っています。ちなみにユダヤ人は母系社会です。

然《しか》るに漸《ようや》く外社会との闘争関係が現われるにつれ、女性よりも体力に於て優れ、従って闘争的、活動的な男性が、女性に代って社会を支配する権力を掌握するに至ったと思われる。同時にまた家族の統率権も女性より男性に遷《うつ》されたのであろう。かくして女性は社会的にまた家族的に権力を失い、女性特有の長所は男性中心的文化の下にその光を覆われてしまったのである。

1930年代の日本のジェンダーに関する感覚は、少なくとも知識人においては、国際基準からズレてはいなかったということが読み取れます。こういうことも、百科事典のような材料がないと、読み解けません。データ類は他で保存されるから、時代の視点を保存するという観点で、項目を絞り込んで、その時代の知のありかたを表す百科事典を残すことが重要です。

民間で制作を続けていくには膨大な時間と労力がかかりコスト面で収支が合わないので、日本も国家事業にするべきですが、その際に重要なのは、金は出すけど口は出さないことです。これまでに述べたように、百科事典には編集権が働いていますが、編集方針を決めて知の土俵を設定するという行為は、権力を行使するということにも通じているからなんです。悪い言葉を使うと、恣意的に百科事典を作ることもできてしまうので、独裁者がいる国では、百科事典が生き残りやすくなります。たとえば北朝鮮の『朝鮮百科事典』は、「金日成」と「金正日」をすべてゴシック体にして、すぐに目に入るようにしています。記述も、数学の項目では「偉大な金日成主席は数学は重要であると言った」、キリスト教の項目では「イエスを神の子と信じる迷信」といったように、権力者の見解に即した内容なのです。もっとも独裁政権下の人は、行間をきちんと読み、公式イデオロギーを除いて解釈する知性を備えています。

権力と百科事典が結びついた例でいえば、ナチスドイツも体系知としての百科事典を最大限に活用しました。知的ヘゲモニーを獲得するために一巻本の小百科事典を各家庭に行き渡らせ、これだけ知っておけば立派なドイツ人であるといった知のスタンダードを作ったんです。プロパガンダの天才ゲッペルスは、その小百科事典の枠内で、演説やラジオ放送、国民への指導を行ったのですが、ゲッペルスはこのやり方をソビエトから学びました。ソビエトは建国と同時に国家プロジェクトとして大百科事典と一般用の小百科事典を制作、西側の資本主義国の常識とは異なる新しい社会主義的な考え方を国民に提示しました。

## 動物と人間は同等なのか

このように百科事典の項目からは、様々なことが読み取れます。

私がいまの百科事典の編著者になったとしたら、まず、「動物の権利」についての項目を入れるでしょう。

数年前から、ニホンライチョウの種の保全をどうするかが問題になっています。日本は国家プロジェクトとして、ニホンライチョウの人工飼育を行っていて、環境省の公式ホームページには「ライチョウ保護増殖事業実施計画」というページもあるんです。それによると、1980年代の調査では約三千羽いたのが、現在は二千羽以下に減っているんですが、その理由として、ライチョウを捕食するキツネやカラスの分布が広がったこと、サルやニホンジカの行動範囲が広がって、ライチョウの食糧である高山植物の芽を食べてしまうこと、登山ブームで感染症菌が入り込んでしまったことなどが挙げられています。絶滅危惧種だから保全をしなければいけないと、このプロジェクトをやっているんですが、問題は「種の保存」という考え方です。東京・吉祥寺にある井の頭公園は、2014年から毎年、池を水抜きして日干しにする「かいぼり」を実施していますが、これも、外来生物を殺して、日本の固有種を残すことが目的です。こういった話を聞いて違和感を抱く人は少ないでしょう。それは、天然記念物や絶滅危惧種は種の保存をしなければいけないという考え方を、当たり前だと受け止めているからです。でも、これを人間に適用したらどうなるでしょうか？　人口調査をして、日本の固有種の人間だけに市民権を与え、それ以外は排除する、ということをしたらどうなりますか？　ナチスがやったことと同じになってしまいます。「動物の権利」は、種の保存という点から考えていくと、ナチズムの優性学と通じるところがあります。

動物に権利はないという考えは、デカルトからきています。動物は機械にすぎないから痛みも感じないし、人間は動物を好き勝手に使って構わないという認識です。それに対して、動物の権利は保護されなければいけないという認識は、根っこにキリスト教があります。トマス・アクィナスやルターは、動物には痛みがあると考えていました。欧米人がイルカやクジラの保護をうるさく言うのは、イルカは人間のように恐怖を感じることができるから、不必要な苦痛を与えてはいけないという考え方にもとづいています。

また、動物の権利を尊重するというのなら、犬や猫といったペット、牛や豚といった家畜は、人間の保護なくして生きることができないから生態系に反している、ペットや家畜には権利がないのではないか、という議論にも発展していきます。

動物の権利は、動物と人間を分けているものは何か、人間とは何か、という問題にまで派生していく、ひとことで言い表せられないおもしろい問題なんです。ちなみに、人類学者の長谷川眞理子さんの本によると、チンパンジーは相手の気持ちがわかるそうです。けれど、我々人間がやっているように、相手がどう思っているかを推察し、自分が考えていることを相手に読まれているかどうかまで考えて行動するといったような、入れ子構造の思考法はできません。たとえば、自分の飼っている猫を「かわいい猫でしょう」と言って、相手が「そうですね」と合意するとします。その「そうですね」の意味を受け止めて、また相手に発信をするのですが、相手が自分に対して気を遣って合わせたのか、それとも本心で言ってくれているのか、推し量りながらコミュニケーションをしていくことになります。いわばエンコードとデコードを繰り返していくのですが、そのうちにズレが出てきます。自分と相手の関係や周囲の環境などを読み込んでコミュニケーションをしていき、それでも出てくるズレが、我々の文化を創っています。

余談ですが、長谷川さんの本では、人間の遺伝子の進化のスピードは遅く、たとえば日本人が牛乳やヨーグルトを食べてお腹を壊さない遺伝子ができるには、千年ぐらいかかるそうです。となると、ここ10年の日本人のライフスタイルのすさまじい変化に遺伝子がついてきているはずがありません。いま発達障害やパニック障害が急増していますが、それも環境の変化に対応できていないからではないでしょうか。これまでは「ちょっと変わった人だね」ぐらいの扱いで済んでいたのに、「障害」と名付けられて分離されてしまう。異質なものを除外して均質化が進むと、同じ価値観だけになってしまいます。そうすると、小説や映画といった創作物もベタなものだけになってしまい、文化が痩せ細ってしまうでしょう。

## 複合アイデンティティをつかむ

人物の項目を百科事典に入れるとしたら、私は「又吉直樹」さん、「沢尻エリカ」さんを入れます。

又吉さんの『火花』（文藝春秋、２０１５年）をまだ読んでない人は、ぜひ読んでください。ベストセラーをバカにしてはいけません。数百万部が出て社会現象化している本は、みんなで議論できるテーマがあるということなので、読んで損はしません。様々な読み方ができる本ですが、私はマジョリティとマイノリティの物語として読みました。

『火花』には、神谷と徳永という売れない芸人が出てきます。神谷はマジョリティで、徳永はマイノリティです。徳永が、自分は決してまわりにおもねることができない、神谷はその器量はあるんだけどあえて選択していない、と独白するシーンがあります。

二人の違いが、漫才ノリの会話を交えながら描写されていきます。

たとえば、1本だけ紅葉していない楓をめぐる二人のやりとりがあります。神谷が「新人のおっちゃんが塗り忘れたんやろな」と言ったのに対して、徳永は「神様にそういう部署があるんですか?」と聞き返す。神谷は、なんで言ったことをそのまま受け止めないで、ファンタジーで説明しようとするのかと激昂します。楓に色を塗るのは神様じゃなくて、作業服を着て靴下に穴が開いて、子供が私立に行きたがって困ってるおっさんなんだ、と神谷は説明しますが、徳永はそれがわかりません。徳永はマイノリティだから、他者の状況をそのまま受け止めろと言われても、理屈が必要なのです。

徐々に徳永の漫才コンビは売れ始めますが、いつかは終わることを、徳永も相方もわかっています。だからコンビを解散して、相方は大阪に帰り、徳永は居酒屋のバイトをかけもちして生計を立てます。一方、神谷は借金がふくれあがって、失踪してしまいます。徳永が不動産屋で働き始めたころ、神谷から電話があり、居酒屋で逢うんですが、どうも雰囲気が違うし、セーターを脱いだ神谷の胸が異常に大きくなっている。「大きい方が面白いと思って」豊胸手術をしたと神谷が言うと、徳永はウケ狙いでやったんだろうけれど、性やジェンダーで苦しんでいる人のことを少しでも考えたのかと激昂します。すると神谷が「ほんま、ごめん」と謝ります。すぐに謝るのは、謝っていない、何が問題なのかをわかっていないということと同義です。神谷と徳永の言葉が通じ合っていないことが、二人の会話に表われています。

又吉さんは大阪出身ですが、お父さんは沖縄、お母さんは奄美出身です。マイノリティ的な感覚が、『火花』の行間に表われていて、それが作品の奥行きを深めています。

沢尻エリカさんもそうです。沢尻さんは自己主張や権利意識はヨーロッパ的ですが、壊れそうだったり気難しかったりするのは境界線上に立っている人だからじゃないかと、私は思っているんです。日本人とフランス人のハーフと言われていますが、お母さんがアルジェリア系のベルベル人だということが関係しているのではないでしょうか。ベルベル人の複雑なアイデンティティについては、アーネスト・ゲルナーが『イスラム社会』（紀伊國屋書店、1991年）で書いています。私はよくゲルナーの『民族とナショナリズム』（岩波書店、2000年）に言及しますが、ゲルナーはモロッコにおけるベルベル人の研究で博士号をとり、人類学者としてキャリアをスタートしています。

ベルベル人は青い目に金髪の白人で、通常はヨーロッパではエリート扱いされる外見ですが、アルジェリアではマイノリティで抑圧される側になります。かといって、フランスにいても、ムスリムなので溶け込むことはできません。境界線上に立ち複数のアイデンティティを持つ人ならではの雰囲気は、記者会見の時にふくれて問題になった『クローズド・ノート』でも、よく出ています。

沢尻さんが演じる主人公は、教育学部の学生です。引っ越したアパートの小さなクローゼットに、前の住人が置き忘れた日記帳があり、読んでみると、前の住人は小学校の先生だったことがわかります。子どもを指導していくなかで突き当たったいろいろな悩みについて書かれていて、主人公は自分の将来の姿と重ね合わせながら読んでいきます。主人公は万年筆屋でアルバイトしていて——私は万年筆の収集癖があるんで、万年筆の薀蓄《うんちく》がふんだんにあるところもおもしろい映画ですが、そこに客としてきた若い画家に「あなたの絵を描かせてほしい」と言われます。だんだんとその画家に惹かれていくけれど、実はノートの持ち主だった先生の想い人で、画家は先生の面影を求めて、主人公を絵のモデルにしているのです。主人公はその先生に会いに行こうとするけれど、交通事故で死んでいたことが明らかになります。人間の心の影や澱《おり》、一人の人間の中にある複数のアイデンティティがよく描かれています。

私たちも複合アイデンティティを持っています。性別、ジェンダー、出身、職業、それぞれのアイデンティティがあります。世代間意識というのも一種のアイデンティティティで、私は1960年生まれだから、新人類と言われた世代とは共通の意識があります。他にも私にはキリスト教徒というアイデンティティもあり、文脈に応じて、複合アイデンティティのどれかが出てきます。そして、現れてくるアイデンティティによって、自分がマジョリティになることも、マイノリティになることもあります。普段は意識していなくても、社会が流動化してくると、自分が持っている複合アイデンティティに気づきやすくなります。

このように、自分とは個別の「私」の集合体であり、複合的な存在です。「確固たる私」というような考え方をしてしまいがちですが、それは違います。アイデンティティが複合しているとわかっていることが重要で、自分の中にも多元性があることがわかれば、世界の多元性もとらえられるようになります。

# 第3章

# 知の系譜を知る

## ギリシャ古典哲学とキリスト教

多元的で複線的な思考を身に付けるためには、知の地盤、モノの考え方を作っていかなければならず、そのためにはタテの歴史をおさえていなければいけません。いまの学問は、古代ギリシャから続く、長い歴史の上に成り立っています。「ある」とはどういうことか、その「ある」が「わかる」とはどういうことか――存在と認識について、人間は長いこと考えてきました。

古代ギリシャでは、物事を観察し、体系化・論理化していきました。基本は、観照といって、眺めることからすべてが始まります。実験という発想はありません。

古代ギリシャの大哲学者であるアリストテレスの著作に「問題集」という巻（『アリストテレス全集11』、岩波書店、１９６８年）があります。自然学に関するあらゆる問題を考察しているのですが、近代の自然科学、物理学の視点は一切なく、ひたすら観察をして、こうなっているのではないか、ああなっているのではないかと考察・分類をしています。どのようなものか、「悪臭に関する諸問題」という項を見てみましょう。

---

（一）何故に、尿は、体内に長く留まるとそれだけ悪臭がひどくなるのに、糞は逆に少なくなるのであろうか。或いはそれは、糞は、体内で時間を経過すると、次第に乾いてくるが（ところで、乾いているものはより腐敗し難いのである）、これに反し、尿は、時間が経つと濃くなるし、また新しければ、それだけ最初の飲み物と同じような状態であるからであろうか。

（二）悪い臭いのするものも、それを食べてしまった者には悪臭があるように感じられないのは何故であろうか。或いはそれは、食物の臭いが口蓋を伝わって口中に達しているために、嗅覚がすぐに一杯になり、もはや内部の臭いを以前と同じ程度に感ずることもないし（というのは、最初のうちは誰でもその臭いを感ずるのであるが、しかしそれに触れてしまうと、まるでその臭いが生まれつき自分に備わっているものででもあるかのように、もはや感じなくなるからである）、また外部からきた同じ臭いも、内部の臭いによって消されてしまうからであろうか。（中略）

（八）腋の下が身体の部分の中で最も悪臭を放つのは何故であろうか。それは、〔1〕この部分が最も空気の通りが悪いためであろうか。じつに、悪臭はこのような状態の場所に最も生じ易いのであるが、それは、脂肪に動きがないため、腐敗が生ずるからである。或いは、〔2〕この部分には動きがなく、また行使されることもないためであろうか。

---

このように、一切実験をしないで、ただ見るだけで考察をしていくのです。

このアリストテレスが説いた「質料と形相」という考え方が、近代以前のモノの考え方の基本でした。あるモノは、材料や素材という質料と、つくられたかたちの形相が組み合わされているという考え方です。たとえば、机が形相とすると、板は質料になり、板が形相とすると、木は質料になります。こういうふうにたどっていき、これ以上たどれない源を第一質料といいました。第一質料はすべてのモノの根源になるので、いつのまにか神様と結びついてしまい、中世の神学ではアリストテレス型のモノの考え方の影響を受けたスコラ哲学が生まれます。

しかし、キリスト教の神様は、論理では説明できない行動をとります。聖書にカインとアベルの話がありますが、カインは作物を、アベルは動物を捧げたら、神はカインの供物は無視したのに、アベルの供物は大歓迎しました。ふつうに考えると理不尽な話ですが、神様は恣意的なので、行動もそれによる結果も決まっていないし、やり取りをしても毎回違う結果になります。パウロが「ギリシャ人は知恵を求める。しかしわたしたちは、十字架につけられたキリストを宣べ伝える。このキリストは、ユダヤ人にはつまずかせるもの、異邦人には愚かなもの」（コリントの信徒への手紙）と述べているように、キリスト教の神様（Theos）とギリシャ的な論理（Logos）は相性がよくないのですが、その合わないところを適宜《てきぎ》ごまかしているのが神学です。無理やり合わせているから、時々合わせ細工が崩れてしまい、神様が強く出てくるときもあれば、論理が強く出てくるときもあります。

## 無意識を共有するマジック――錬金術とSTAP事件

中世は実践、行動することが基本です。その代表例が錬金術です。実験ノートという発想はなく、錬金術師は朝から晩まで、何らかの方法で卑金属を金や銀に変えようと実験していました。心理学者カール・ユングの『心理学と錬金術』（人文書院、1976年）を読めば、小保方《おぼかた》晴子さんの事件がなぜ起きたのかもよくわかります。何かを生み出すときには、まず「ひらめき」が必要になります。この「ひらめき」、無意識の層を共有すると、錬金術師の間で非常に強い共同主観性ができます。第一級の理研の知識人がSTAP細胞があると信じていたのも、錬金術と同じ構成だからです。まず実験が成功して、「ある」ことをみんなで共有すればいいのです。優れた錬金術師は周囲にいる人の心に影響を与え、磁場を変えてしまうことができます。

錬金術は、卑金属を金属にすると同時に、永遠に生きる力を手にすることも目指していました。具体的には不老不死の薬、万病治癒の薬を作ることなので、日本人の感覚では神仙の術に近くなります。ニュートンは錬金術師で、その過程で万有引力の法則を発見したので、錬金術はそれなりの科学的な成果もあげています。しかし、卑金属が貴金属になることは、科学的にはありえません。それなのに、実験に成功したという記録が残っているのは、錬金術師が手品を使って、どこかから持ってきた金をあたかも作りだしたように見せたインチキだということです。でも、その同じ研究所にいる人間は、「できた」と確信してしまいます。一緒に錬金術の研究室にいると、意識のレベルだけでなく無意識のレベルでも、錬金術師と共通の意識ができて、集合的無意識を形成されてしまうのです。ユングが言うように、錬金術は心理学の問題でもあるので、ＳＴＡＰ問題も珍しい話ではありません。錬金術は実験を重視するので、古代ギリシャのように理屈は必要ではないし、実験での再現を求めないから、自然学であっても自然科学ではありません。ＳＴＡＰ細胞も、「できた」ことを共有してしまいました。共同主観性を生み出すという点において、いまでも錬金術は死んでないのです。

## 目には見えないものをどうとらえるか

また、中世においては、神様のことを皮膚感覚で知るということが重要でした。頭のいい人は直観で真理がわかるから、理性で物を考えるのは頭の悪い人のやり方だと受け止められていたんです。インプレッション（印象、Impression）のプレスは印刷という意味ですが、もともとはハンコ、指輪に付いていた印章を指します。指輪に彫った自分の名前だとか紋章を押すと同じものがうつることからイメージして、愛や信頼といった目には見えないけれど確実に存在するものが薄い膜のように飛んでおり、それがぴたっと身体に付くことによって瞬時に理解できるというふうに考えられていました。手を合わせて合掌すると、どちらの手がより強く押しているかは、右手とも左手とも言えますが、それと同じように、二元論のように物事を分割する以前のところに真理があるという考えが主流だったのです。ですから、瞑想して意識を広げていくなかで神様と出会い、真理を体得するという修道士が理想的な姿で、ユングは、こういうふうに意識を拡張することで自我が肥大して全能感にひたることを「魂のインフレーション」と言いました。禅にもよく似た「野狐禅《やこぜん》」という言葉があり、悟りがひらけていないのに狐がとりついてしまって、ひらけたと勘違いしてしまうことを指します。

## 「ある」を説明する難しさ

現代の我々の考え方は、中世の実践を経て、また観察へと変わってきています。観察をすると、主体（見るもの）と客体（見られるもの）が出てきます。カントは、感性によって物事を知ることになると、人によって基準が違うので、まず時間や空間という枠組みを定め、そのなかで認識主体（見るもの）と認識対象（見られるもの）を分けるという構造を考えました。

廣松渉《ひろまつわたる》さんは、近代認識について、主体が認識し（心的内容）、認識する対象があって（外的対象）、頭の中で組み立てる（意識作用）ものだと説明しました。我々は、何がしかの観念によって、世界をとらえています。観念論には様々な問題がありますが、近代人の考え方は観念論が主流なので、私はここからスタートするしかないと考えています。

観念論からスタートすると、すべてが「私」の観念によるものなので、目の前にあるもの、「私」の外にある世界が本当に「ある」かどうかを実証するのはとても難しい問題なのです。解離性障害や統合失調症の人は、自分のことも他者のこともうまく認識できません。学校の友達が、机や椅子といった学校にある備品に見えてしまうし、まわりの人には見えていないのに、カーテンのうしろに人がいるように見えてしまいます。大脳生理学の立場では、「見える」「見えない」というのは、脳に電流が流れているることによって起きる現象なので、ある電流を流せば、実際には存在していない何らかの姿が見えてもおかしくありません。覚せい剤を使用していると、運転中にトラが飛び出してきたりしますが、実際にその人にはトラは見えているのです。

実は私も拘置所にいるときに、斜め後ろから自分を見ている別の自分がいるような体験をしました。五百十二日間、検察官や弁護士、看守といった限られた人以外とは口をきいてはいけないという異様な状況に置かれているなかで、解離性ショックが出たのでしょう。

古代では、目の前にあるものはただ「ある」という素朴実在論で対応すればよかったので、夢で見たものも、実在することだと考えていました。『源氏物語』に出てくる六条御息所《ろくじょうのみやすどころ》の生霊や聖書に書かれているイエス・キリストの復活も、夢を見たということです。でも、これは観念論の立場では説明できないので、現代の我々は共同主観性や集合的無意識という言葉でどうにか説明しようと苦労するのです。

## 村上春樹の小説に描かれた「猿」

この問題を考えるのにいいのが、村上春樹さんの『東京奇譚集』（新潮文庫、２００７年）に入っている「品川猿」という短編です。ざっとあらすじを紹介します。

主人公は、自分の名前を思い出せなくなってしまった女性です。精神科医に通うんだけれど、日常生活には支障がないからと、相手にしてくれない。ある日見た品川区の広報誌に、こころの悩み相談をやってくれるという記事が出ていたので、試しに行ってみる。すると夫が品川区役所で働いているという臨床心理士の女性が話を聞いてくれる。その女性を相手にいろいろと話をしていくうちに、主人公は全寮制の女子高に通っていた時に、一年下の子からネームプレートを預かったことを思い出す。寮にはネームプレートがあって、長期不在の時は外すというルールがあるんだけど、実家に不幸があって帰省するから預かってほしい、と頼まれた。その時に、「猿に取られないように」という不思議な伝言もあった。結局その子は帰ってこなくて、自殺していたことがわかる。主人公はネームプレートを返しそびれてしまい、封筒に入れて保管していた。カウンセリングを終えて、家でネームプレートを探すんだけど、ない。またカウンセリングに行くと、臨床心理士が2人のネームプレートを取り出し、地下室に案内していく。夫は区役所の動物保護課で働いていて、下水道に猿が住みついているという話をしていたので、主人公の話と関係しているかと思って捕獲してみたら、猿がプレートを持っていたという。そして、猿が話し出すんです。私は後輩の子に惚れていたのだけど、猿では一緒になれないから、せめて名札だけでも、といただいた。あなたの名札を持っていることで、あなたのマイナスの面も引き受けているから、お返しすると、あなたに悪いことが起きるかもしれませんよ、と猿が脅す。そして、実はあなたはお母さんにまったく愛されてなかったから全寮制学校に入れられていた。あなたはそれに気づいているんだけど、認めるとみじめだから、抑圧が生じて、誰も愛せない人になってしまった。いまあなたは結婚しているけど、本当は夫のことを愛していない。近く子供が生まれるだろうけど、あなたも親がやったことと同じことを繰り返すことになるだろう、と語る。

この猿は、本当にいます。どういうことかというと、主人公は解離性人格障害で、人格が抑圧され、誰も愛せなくなってしまったことが、猿というかたちで出てきているのです。臨床心理士は、相手の内在論理を理解して、無意識のレベルにも入っていき相手の抑圧された認識を引き出すことができるので、臨床心理士にも猿は見えています。

こういうふうにすぐれた小説は、論理的に説明をするのが難しい事柄を物語として語ることができます。

## 読む力と伝える力

目に見えるものだけでなく、目に見えないものをとらえることができるかが重要です。見えるものは個別の問題にしかあてはめることができず、思考に制限が出てしまいます。目に見えないもの、いわばメタ的なものをとらえることができるかどうかにより、思考の幅が広がります。

そこで、古来より続く、私たちの認識がどうなっているのかという問題を考えるために、本書の後半では、認識について書かれたヘーゲルの『精神現象学』を読み解いていき、どうやってそのヘーゲルのモノの見方を実際問題に応用するかを試みたいと思います。

『精神現象学』というタイトルは弟子が付けたもので、オリジナルのタイトルは『学の体系』といいます。感覚という原始的な意識から、絶対知という複雑な意識に至るまでを考察しつつも、その考察をしていく過程そのものが体系知になっているという本なので、これまでに述べてきた体系知についての考察も深めることができます。ヘーゲルには他に『エンチクロペディー』という著作もあるのですが、ドイツ語の「エンチクロペディー」は、日本語では「百科事典」という意味です。あらゆる哲学や知を体系化しようと試みた本で、ヘーゲルの著作には、バラバラで整理されていない知識はいくらあっても役に立たない、知は体系化されてこそ役に立つという考えがよく表われています。

ただ、ヘーゲルは難しい。ヘーゲルが読めるようになれば、古典だったらカントやフッサール、現代のものだったらハーバーマスやルーマンも読めるようになるでしょうが、日本は哲学教育をほとんどしないので、大半の人がヘーゲルの本を見ると、まずその文体に驚いてしまって読み進めることができません。フランスやイギリスは中等教育で教科書数冊分の哲学教育をしますし、フランスは大学入学試験（バカロレア）に、文系理系問わず、哲学を必須科目にしているほどなので、基礎教養で差がついてしまっています。こういった難しいものを読むにはどうすればよいか、そういった技法についても折々で触れていきますが、まず、どれが主語でどれが述語か、「それ」という指示代名詞が何を指しているのかというような丁寧な読み方をしていかなくてはなりません。この訓練を積めば「読む」力が身に付くし、「書く」力も身に付いていきます。ＬＩＮＥで瞬時に返信することばかりしていると、千語くらいの単語数でしかコミュニケーションをしなくなるので、長いものや難しいものを読めなくなってしまうし、他人に伝わる文章を書くこともできなくなります。

伝わる文章力を身に付けるには、写生文を書くのがいいでしょう。読んでいる人にその映像が思い浮かぶように書いていくのです。何を書いていいのかわからないという人は、人は誰しも生きるために何かを食べていますから、食べることについて書いてみるといいのではないでしょうか。食べログに書き込むときも「感動的な味でした」「鳥肌が立つような」といったステレオタイプの表現ではなくて、この味をどういうふうに表現するかという自分なりの言葉で書くことを心がけるのです。たとえば、美味しいコーヒーを飲んだら、どう美味しいのか、ひどくまずいものを食べたときには、いかにまずかったかを書く。どういうふうに書くと伝わるかを工夫することで、表現力は身に付いていきます。

## 哲学史の型をおさえる

ヘーゲルのような古典を読む前には、ヘーゲル以前と以後の流れをおさえておく必要があります。

哲学や思想に関心を持っている若い人と話をすると、デリダやフーコーといった現代の哲学者や思想家はよくおさえているのですが、基本的な哲学史の知識が欠けていることがよくあります。現代の哲学者や思想家も、先行する哲学者の業績をふまえたうえで、それを発展させたり批判したりして独自の哲学を生み出していることを忘れてはいけません。繰り返しますが、知の型をきちんとおさえることが重要なのです。

読者のみなさんは哲学を専攻する学生や研究者ではなく、実社会で生きている人たちがほとんどだと思いますので、高校の倫理の教科書を読み返すといいでしょう。『も

『もういちど読む山川倫理』(山川出版社、2011年)はよくできているし入手しやすいのでお勧めです。

それだとちょっと物足りないという人には、マルクス主義の立場から書かれているのですが、ヘーゲル学者で『大論理学』の専門家である寺沢恒信さんと、弁証法の専門家である大井正さんが編集した『世界十五大哲学』（PHP文庫、2014年）を勧めます。この本は、私が中学一年生のときに買った初めての哲学書で、入門書としてよくできています。あるいは、いまはもう品切れになってしまっていますが、東大の倫理学の先生だった淡野安太郎《だんのやすたろう》さんが書いている『哲学思想史』（勁草書房、1949年）を読み込めば、哲学の知識が身に付きます。堅苦しい本がイヤだという人は、廣松渉さんと五木寛之さんが対談している『哲学に何ができるか』（中公文庫、1996年）がいいでしょう。五木さんが上手な聞き手役にまわって、廣松さんからマルクス主義哲学、実存哲学、分析哲学のことを聞き出しています。

ここで挙げた本はどれもロングセラーで、時代を超えて読み継がれています。みなさんが哲学について何かを知る時は、ロングセラーのものを選ぶといい。ベストセラーにはいいものも悪いものもありますが、精査されたものがロングセラーとなるので、極度に悪いものは残りません。

ただ、どれもロングセラーゆえに、フッサールをスタートにする現象学についてはふれられていません。現象学は、目の前にあるものをできるだけ素直に記述していき、いまはこう見えているけれど、見えないところではこういう要因があるんじゃないかということを解析していくというもので、いまの哲学の世界の主流です。しかしフッサールの著作は非常に難解なので、現象学的な考え方を理解したいなら、『ソフィーの世界』（新装版、NHK出版、2011年）を読むといいでしょう。ソフィーが様々な過去の哲学の旅をしていくのですが、現象学的な方法で、それぞれの哲学の立場が書かれています。ただし、現象学自体の説明はありません。自分で自分の姿は見えないのと同じで、現象学的な立場からは現象学について書くことができないのですが、現象学的なモノの説明の仕方はどういうものかがよく表われています。

## 哲学書をどう読み進めるか

哲学書は手元にないと読み進めませんから、お金とスペースに余裕があるのだったら買いましょう。中央公論社の「世界の名著」シリーズのように、テキストと解説、伝記をあわせて一冊で読めるようなものだと、全体像をつかみやすくなります。「世界の名著」シリーズは、古本屋で一冊数百円を出せば買えます。同じ値段でもスターバックスのドーナツとキャラメルマキアートは30分ぐらいで終わってしまいますが、「世界の名著」だったら一か月は楽しめます。

初めはチューターと一緒に読み進めて、著者の思考パターンをつかんでから、独自で勉強していくというやり方がいいでしょう。指導してもらいながら丁寧に読んでいけば、難しい事柄をどう解きほぐしていけばいいのかという技法も身に付きます。ただ、講義ノートを読み上げるだけのような、受講者との双方向性を保証してくれない先生は避けたほうがいい。受け手であるみなさんも、ただ話を漫然と聞くのではなくて、なぜこれを学んでいるのかという問題意識と主体性を持って受講することが重要です。そうでないと、せっかく時間と労力を費やしても、自分のものになりません。

私は書店のイベントやカルチャーセンターで講師をするときは、下準備としてノートに構想をまとめておきますが、講義を聞いているみなさんの反応を見て、難しいと感じているようだったらかみ砕く、反応がいい話の時は長めに説明するといったように、その場で組み立てていきます。受講者が寝てしまうような講義は、講師側の問題だと思います。

指導してくれるチューターがいない場合は、きちんとした解説書、事典を傍らに置いておきましょう。

これまで私が読んだなかで、お勧めの本を挙げます。

矢崎美盛《よしもり》『ヘーゲル精神現象論』（岩波書店、1936年）
加藤尚武《ひさたけ》編『哲学の歴史 7』（中央公論新社、2007年）
廣松渉編『世界の思想家12 ヘーゲル』（平凡社、1976年）
『ヘーゲル事典』（弘文堂、1992年）
エアハルト・ランゲ編『ヘーゲルとわれわれ』（大月書店、1971年）

矢崎美盛さんの本はいまではほとんど忘れられてしまいましたが、私の学生時代にも出ていたロングセラーです。矢崎さん自身がテキストを読み込み、自分がつまずいたところをわかりやすく書いてくれています。本書でも、この本をガイドにヘーゲルの思考をつかみたいと思います。

『哲学の歴史 7』は、ヘーゲル学者の加藤尚武さんの責任編集によるもので、最近の実証研究をふんだんに盛り込んだ本です。

『世界の思想家12 ヘーゲル』は、ヘーゲル自身のテキストによって、その体系や人生を説明するという独自のアンソロジーです。廣松渉さんの名前しか編者には出ていませんが、加藤尚武さんが全面的に関わっています。竹田青嗣《せいじ》さんの『完全解読 ヘーゲル『精神現象学』』(講談社選書メチエ、2007年)もわかりやすくていい本なのですが、ぜひヘーゲル自身のテキストと格闘してその思想をつかみとってください。弘文堂から出ている『ヘーゲル事典』をパートナーに読み込んでいくとよいでしょう。『ヘーゲルとわれわれ』はヘーゲル生誕200年記念に東ドイツ(ドイツ民主共和国)の国家プロジェクトとして作られた論文集です。東ドイツはスターリン主義的なイデオロギーの影響下にあり、自由に意見を表明できる分野が制限されていたので、優秀な人はみな古典哲学を学んでいました。

## 型をおさえないとでたらめに

このようにヘーゲルぐらいの大哲学者になると、日本語で読める資料は多く出ています。つねに一定数のギャラリーがいるので、極端に変な意見が出たり、あまりに独創的な言説が出てきたりすると必ず指摘が入り、是正されます。哲学や神学では「独創的」は、「でたらめ」と同じ意味になります。最終的な目標は型破りな人間になることですが、それにはまず型を憶えていないと、単なる「でたらめ」になってしまいます。哲学史や学説史といった縦の歴史をおさえて、思考の鋳型がわかっていれば、装いを変えて新たに出てきたときにも、過去のあの思考と同じだということに気づくことができるし、どういう点で行き詰ってしまったのか、対向する思想はどのようなものだったのかということもわかります。

自然科学の場合、最先端の研究は、発表した当初には、本当にこんなことがあったのか信じられないというほどの衝撃的な反応がギャラリーの中にあって、だんだんと追認されていくというかたちをとります。論文をわかる人が３００人もいたりすると、オリジナリティがないということなので、ＳＴＡＰ細胞は、作業仮説としてはアリなのです。ただ、ギャラリーが実験をしても再現できなかったし、情報が開示されるにつれ、どんどんおかしい点が明らかになりました。ギャラリーが極端に少ないニッチなところでは作業仮説がでたらめでも通用してしまうことがありますが、自然科学の場合は難しいでしょう。

ギャラリーの均質化現象が進んでいるジャンルは、注意をしなければなりません。たとえばいまの経済学は、人間を投資の対象とするので、子供が生まれたらどの時期にどれぐらいの投資を行えば一番効率がいいかといったことを考えます。アメリカの研究では、乳児の時からプレスクールに通わせて教育させた場合のリターンが一番いいと出ているのですが、この研究データを使って中室牧子さんは『「学力」の経済学』（ディスカヴァー・トゥエンティワン、2015年）、古市憲寿さんは『保育園義務教育化』（小学館、2015年）を書きました。いずれもデータをどう役立てようかという肯定的な立場から書かれており、関心のあるギャラリーが均質化していて広がり方に問題があるから、批判的な言説が出てこないのかもしれません。均質化が進むと複線的な思考をすることが難しくなってしまいます。

## 必ずしも原著を読む必要はない

古典哲学を読むときには、訳も重要です。文芸批評家・思想家の加藤周一さんは、『読書術』（岩波現代文庫、2000年）という本で、文学書、哲学書など翻訳のあるものは、翻訳で読んだほうがいいと言っています。外国語の習得にはエネルギーと時間が必要なので、日本語の翻訳でわからない箇所だけを、原文で参照すればいいでしょう。ヘーゲルのように、一定数の人が学んでいるものは、変な訳は流通しません。一番わかりやすいものは、長谷川宏さんの訳です。長谷川さんはヘーゲルの『論理学』『美学講義』『歴史哲学講義』も訳していて、どれも非常に読みやすい。ただ、わかりやすくするのが目的なので、「人倫」といったヘーゲル用語を使っていません。「人倫」とは、2人以上の人間がつくる共同体で有機的な結合をしているものという意味なのですが、これには家族、夫婦、恋人、学校、教会、国家もあてはまり、この語が出てくると読み手は何がなんだかわからなくなるので、長谷川さんは文脈によって、夫婦、親子、国家と訳し分ける方針をとっています。しかしヘーゲルは複数の意味をかけて書いているときもあるので、ヘーゲルの意図を正しくつかめないこともあります。

岩波書店のヘーゲル全集に入っている金子武蔵訳の『精神の現象学』は、ドイツ語の原本を参照しながら読まないとわかりません。学術的に読む場合には必ず参照しなければいけませんが、我々はヘーゲル研究者を目指しているわけではないので、向いていません。

本書では樫山欽四郎《かしやまきんしろう》訳の『精神現象学』(上下巻、平凡社ライブラリー、1997年)を使います。文法的な正確さを損ねず、ドイツ語と参照した場合にきちんと対応できるぎりぎりのところで、できるだけ読みやすくしている訳なので、横にアドバイスしてくれる人がいるときには、一番いい訳だと思います。いままで私は何度か『精神現象学』について書いていますが、書誌的なデータを付ける場合には樫山訳にしています。いまドイツでは、新しいヘーゲル全集版が１９６８年から刊行中です。樫山訳の底本はマイナーの哲学文庫に入っているので、ドイツ語をやっている人は買ってみるといいでしょう。１９６７年以前の版は、樫山訳とぴたりと合います。

第4章

# 哲学の知を生かす

## 哲学者ヘーゲル

『精神現象学』を読み進める前に、まず著者であるヘーゲルのことについて知っておきましょう。

ある人について知るときには、これまでにも述べましたが、百科事典の項目にのっているような型をおさえておくことです。平凡社ライブラリー版『精神現象学』下巻「解説」にある伝記を読んでみましょう。実証的研究をふまえた伝記は中公の『哲学の歴史』ですが、そちらだとエピソード主義になってしまうので、まずはヘーゲルがどのような人物であるか、哲学の歴史においてどのような役割を果したのかという型をおさえます。

ヘーゲルは一七七〇年八月二十七日ヴュルテンブルクのシュツットガルトで生まれた。父ゲオルク・ルードヴィヒは行政官吏であり、母マリヤ・マグダレーナはヘーゲルにラテン語を教えたというから、教養のある人であったろう。十三歳のときこの母を失ったが、この母の記憶は生涯ヘーゲルにとって、貴重なものであったらしい。家の宗教は新教の敬虔派であったという。ギムナジウムではギリシア、ラテンの古典家たちに学び、人文主義的教養を身につけた。一七八八年テュービンゲン大学の官費生として入学し、神学部に席をおいた。ここでえた友人が、ヘルダーリンとシェリングであった。この若い三人はフランス革命に殊のほか感じいり、「自由の木」を植え、そのまわりを革命歌をうたいながら、躍って歩いたと言われている。

一七九三年、ベルンの名門シュタイガー家の家庭教師となったが、その間に、グロティウス、ホッブス、ヒューム、ライプニッツ、ロック、マキアヴェリ、ルソー、ヴォルテールなどを読んだと言われる。またその当時、スイスの貴族社会の研究をし、匿名で著述を発表したと言われる。一七九六年のはじめ、フランクフルト・アム・マインの商家ゴーゲルの家庭教師となった。がその頃ヘルダーリンやシエリングはすでに少壮学徒として名を顕わしていた。この家庭教師をしている間に父が亡くなり、その遺産を相続したため、家庭教師を止め、学者としての道に入ることになった。このため一八〇一年待望のイェーナに行き、『遊星の軌道について』De Orbitis Planetarum. を発表して、教授資格をえた。その年七月『フィヒテとシェリングとの哲学体系の相違』Differenz des Fichteschen und Schellingschen Systems der Ph. という論文を発表したが、これはシェリングの同一哲学の立場から、フィヒテを批評したものである。これは哲学論文としては最初のものである。一八〇一年から七年の間に、シェリングと共同で『哲学批評雑誌』Kritisches Journal der Ph. を刊行し、またイェーナ大学で講義をした。

一八〇七年『精神現象学』を発表したが、これによって、シェリング哲学と全く袂を分かち、自己の哲学を確立した。これはナポレオンがイェーナに征め入る日の前夜半に脱稿されたという、曰くつきのものである。イェーナがナポレオン軍に占領された日、馬上のナポレオンを見て、「世界精神」を見たと言ったといわれている。

一昔前の哲学史の教科書では、カント~フィヒテ~シェリング~ヘーゲルという流れで、ヘーゲルがドイツ観念論を集大成したと書かれていましたが、いまはカントを別枠でとらえ、フィヒテ、シェリング、ヘーゲルを同じ枠とする見方が主流です。シェリングは抜群に頭がよい人で、初期のヘーゲルはシェリングに大いに影響を受けていました。ヘーゲルはあまり頭の回転が速くなくて、ゆっくり考えながら進んでいくタイプなのですが、だからこそ生徒たちも授業についていけるし、ユーモアもあったから教室はいつも満員で、右も左も引きつける魅力がある人でした。ヘーゲルの影響下には、国家哲学をやるヘーゲル右派とフォイエルバッハからマルクス主義につながるヘーゲル左派、両者の中間である中間派の流れがあります。基本的にヘーゲル左派はラディカルな思想や運動に従事するのですが、ベルリン大学はヘーゲル左派が増えすぎてしまい収拾がつかなくなってしまったので、ヘーゲルが死んだ後に大学はシェリングを招聘《しょうへい》し、哲学の教授に据えました。シェリングは人間の心理は深いところに闇があり、その底の底に触れることができると瞬時に物事の本質をつかむことができるという人間の実存についての先駆的な認識を出し、のちのハイデッガーや神学者のカール・バルトの思想につながっていきます。

ヘーゲルはフィヒテとは最後まで仲がよかったのですが、シェリングとは早い段階で決別してしまいます。『精神現象学』は、シェリングの影響下からヘーゲルが脱していったという点においても画期的な著作です。

## 実用教育と学問研究は両立しない

続きを読んでいきましょう。

この年戦争による大学の閉鎖に出会い、イェーナを去って、「バンベルク新聞」の編集者となった。越えて一八〇八年ニュルンベルクのエギーディエン・ギムナジウムの校長となり、「哲学入門」の教授となった。ここで土地の名門の娘マリー・フォン・トウヒヤーと一八一一年十月結婚している。この校長時代に書かれたのが、『現象学』とならび称せられる『論理学』である。

ヘーゲルがギムナジウムの校長をやっているころ、ドイツでは大学改革の嵐が吹き荒れていました。フランスのような強い国になるためにはナポレオンの大学改革に倣《なら》い、役に立たない文学や哲学といった人文系の学問をやめて実学にかえるべきだという主張が出ていたんです。それに対して、当時ベルリン大学の神学部主任教授だったシュライエルマッハーは、大学とは役に立たないことをやるところであって、実学だけになったらかえって学問の力が弱り国家にとってマイナスになると反対しました。シュライエルマッハーの主張について触れられている『哲学の歴史 7』を引用します。

学問のための施設は、学問的認識を目指す者同士の「自由な内的衝動」によっておのずと生まれてくるものであり、国家が率先して創り出すものではない。ナポレオンを最高指導者とする中央集権国家は、本質的に実利を追求する機関であり、実利の範囲でしか学問を見ない。そうした国家にとって重要なのは、知や文化の質ではなく、実用的な情報や技術の量である。それに対して学問的思索は、「個別的な知がどのように連関し、知の全体の中でどのような位置を占めるか」を認識しようとする。シュライエルマハーによれば、一般に学者が国家に取り込まれれば取り込まれるほど、学問共同体は国家の御用機関に堕し、学問共同体は純粋に学問的な思索を追究すればするほど、結果的に国家の質も高まる。

---

つまりシュライエルマッハーは、知は体系知でなければ意味がないと考えていたのです。それで専門課程に進む前に教養科目をやれば共通の基盤ができ、様々な学問のつながり、体系知を身に付けることができるという主張をしました。結果として、シ

ユライエルマッハーの主張が採用され、ドイツの大学は実学から距離をとりました。

日本でも、ナポレオンと同じようなことを、文部科学省が国立大学に通知してニュースになったことがありました。２０１５年６月、文部科学省は国立大学に「国立大学法人等の組織及び業務全般の見直しについて」という通知を出したのですが、組織の見直しについて、このように書かれています。

> 特に教員養成系学部・大学院、人文社会科学系学部・大学院については、18歳人口の減少や人材需要、教育研究水準の確保、国立大学としての役割等を踏まえた組織見直し計画を策定し、組織の廃止や社会的要請の高い分野への転換に積極的に取り組むよう努めることとする。

「社会的要請の高い分野」、すなわちいますぐに役に立つような実学は消費期限が短く、使える用途が限られているので、パラダイムが変わればすぐに役に立たなくなります。高等教育で身に付けるべき知とは、そういうものではありません。この通知には、研究者が主な構成メンバーである日本学術会議はもちろん経団連までが反発し、文部科学省は焦点は人文社会科学系ではない、教員養成系学部・大学院だと慌てて火消しにまわりましたが、アカデミックの世界だけでなく産業界からも反発があったのは、いまの日本の知の状況に危機感を抱いているからこそでしょう。
ただ、注意しなければならないのは、実学を軽視していいということではありません。体系知を身に付けるための基礎体力は、実学的な知を積み重ねることで鍛えられます。高度な実践知を生み出すには、教養と実学的な知の両方が必要です。

## 体系知とは大きな物語である

解説の続きを読んでいきましょう。

一八一六年、哲学の正教授としてハイデルベルクに赴き、一七年『エンチュクロペディー』Encyclopädie der philosophischen Wissenschaftenを著した。これはヘーゲルの哲学体系を示したものである。

「エンチュクロペディー」は、円環をなしている知の体系という意味で、通常、百科事典と訳します。ある時代のある時点での知を輪切りにし、基盤を示すことが重要だ、とヘーゲルは考えていました。各時代精神の体現であるから、その時代ごとの知の体系があります。

ここで書かれている〈ヘーゲルの哲学体系〉とは体系知のことですが、別の言い方でいうと、大きな物語としての哲学や世界観という考え方です。ポストモダン以後は、小さな差異が強調されましたが、これを追求していくと、小さな差異からどうやって価値を生み出していけばよいのかという話になり、貨幣に転換されてしまいます。いま、東大法学部を卒業しても、一昔前みたいに官僚にもならなければ司法試験も受けず、投資銀行に行ったり、デイトレーダーになったりしますが、エリートが自分の能力を社会において何をなすべきかではなく、いかに金銭を稼げるかという方向に発揮するようになったのは、ポストモダンがいきついた必然だと思います。

## 事実と伝承の線引き

一八年秋、時の文部大臣フォン・アルテンシュタインの招きに応じ、フィヒテの後任としてベルリン大学に赴いた。ここで書かれたのが『法哲学綱要』Grundlegung der Philosophie des Rechts（一八二一年）である。生前公にされた著述は以上の通りであるが、大学での講義は、歴史哲学、宗教哲学、美学、哲学史などあらゆる分野に渉っており、これらは没後遺稿として全集に収められている。また、近年になってから、青年時代、ベルリン時代の未発表の遺稿が相次いで発見され、ノール、ホフマイスターなどの人々によって編集公刊されている。そのため青年ヘーゲルの研究が次第に出版されるようになった。そのなかで特に有名なのは、ディルタイの『ヘーゲルの青年時代』であり、ルカッチの『若きヘーゲル』である。後者は戦後のものである。

---

ヘルマン・ノールが編纂した『初期神学論集』(以文社、1974年)は、非常にすぐれた本です。ヘーゲルは神学部を出ていて本来は牧師になるはずでしたが、キリスト教に対しては批判的でした。ヘーゲルは歴史を動かすような超越した力があることは認めながら、キリスト教のような人格神には疑念を持っていました。ヘーゲルの思想からマルクスが生まれてくるのは必然的な流れとも言えます。

---

ヘーゲルは友人たちから「老人」という諢をつけられたというが、フィヒテやシェリングのような天才型の人とは考えられない。どちらかと言えば、牛のようにゆ

つくり、たゆまずうまず歩いて行き、底の底まで究め尽さねば止まない性格の人であったように思われる。それが実ってあの大体系となったものと思われる。同年輩の人々より世に出るのはおそかったが、一度世に出てから、その深く広い思索と精密な体系とによって、一世をふうびし、その晩年は他に哲学者なきかの観があったとさえ言われている。

一八三一年十一月十三日、その年の夏から流行し出したコレラにやられ、三日間病んだ後世を去った。その墓はフィヒテの墓の傍らにある。死後ヘーゲル学派は右派と左派に別れたが、十九世紀半すぎになるともう忘れられたかのようになってしまった。その究めるところ、古代から現代まで、あらゆる分野に渉っており、その影響するところが大きかっただけに、反対者も多く、痛烈な非難を幾度もあびている。しかし、一九三一年つまり没後百年たった頃から、再びヘーゲル研究は再興され、今日の隆盛を見るに至った。

今日の哲学を代表するものとして、マルクス主義、実存哲学、プラグマティズムなどがあげられるが、これらはみな多かれ少なかれ、ヘーゲルの影響を受けている。大きくいえば、現代哲学の源流はヘーゲルに在ると言ってもいいほどである。

ヘーゲルは一昔前までは生真面目な大哲学者という扱いでしたが、これが神話だったということはほぼ明らかになっています。加藤尚武さんが監修した『哲学の歴史7』は最近の実証研究をもとに書かれており、酒飲みでブラックユーモアが好きで、ヘーゲルが書き散らしたものに弟子たちが筆を入れてまとめ、神聖化していったとなっています。しかし加藤さんが70年代に書いた『世界の思想家12 ヘーゲル』の解説では「近代哲学の体系的完成者」になっています。体系的でなくそれぞれのものがバラバラにあるだけというのはポストモダニズムの影響のもとではごく普通の見方ですから、時代が変われば、またヘーゲルが大体系家ということになるかもしれません。最近の実証研究をもとに書かれている『哲学の歴史 7』も読んでみましょう。

---

一九世紀にヘーゲル（一七七〇―一八三一）が死んで以後、弟子たちが「ヘーゲル哲学こそ西洋哲学史の頂点である」と説明してきた枠組みがあった。日本でもそういう枠組みが受け容れられてきた。

ドイツのカントがイギリスのヒュームを乗り越えたのだから、カント以降の哲学の発展の跡、すなわち「ドイツ観念論」の跡を追うべきだという戦略的軌道に日本の哲学研究は乗っていった。クーノ・フィッシャーやユーバーヴェークの哲学史がすでにでき上がっていたということが、日本の西洋哲学研究の軌道を定めてしまった。

ヘーゲルを克服しようとしたマルクスも「哲学はヘーゲルで完成した。しかし、俺はそのヘーゲルより上手をいっているんだ」という考え方だったので、マルクス主義者もヘーゲルを「西洋哲学史の頂点」と見る見方に加担した。さらに実存主義の立場の人々は「理性主義の哲学はヘーゲルで完成した」という考え方を出したので、結局、ヘーゲルで何かが完成したという見方が幅広く支持されてきた。いまの私たちの知識で見ると、ヘーゲルで完成している哲学思想はない。

もう一つのヘーゲル像は、ヘーゲルの著作によって作られている。弟子たちは大哲学者というヘーゲルのイメージを作り上げるために、二〇巻の巨大な全集を作った。そのなかでヘーゲルが自分で書き上げた部分は非常に少ない。弟子たちが、ヘーゲルの講義録を編纂して、巨大な体系が完成しているかのようなイメージを作り上げた。

社交好きでブラック・ユーモアの名手、オペレッタやワインが大好きで、そのくせ文章はいつも殴り書きというヘーゲルの実像が、いつのまにか、精密で巨大な著作群を営々と築き上げた哲学の巨人というイメージにすり替えられてしまった。ズ

> ーアカンプ版著作集だと、一二巻までがヘーゲルの自筆の著作で、後の八巻が弟子たちの編纂本である。しかし、ヘーゲル自筆本の中にも、弟子たちの編纂した講義録が「補遺」(Zusatz)として挿入されている。今日では、ヘーゲルが自分で書いたものだけをもとにしてヘーゲルの思想を組み立て直す作業が続けられている。

ヘーゲルが大哲学者になったのは、社交家だったからです。いろいろな人と知り合いで話もおもしろかったから、「先生すごい!」という評判が立ちました。いまの日本でも、そういう現象はよくあります。

たとえば、安保改正法をつくった外務省の大戦略家、兼原信克さん(2016年現在内閣官房副長官補、国家安全保障局次長)の『戦略外交原論』(日本経済新聞出版社、2011年)という本があります。アマゾンのレビューを見てみましょう。

> 本書は早稲田大学法学部での講義記録をまとめた手製の教科書であると言う。しかし本書は、史実を軽視し古典理解も恣意的で多くの誤りを含み、教科書としては劣悪である。
>
> たとえばマグナ=カルタを名誉革命の産物と主張する。

マグナ・カルタ（大憲章。1215年制定）と名誉革命（1688～89年）は400年以上も違う。これは日本でいうと、明治維新の結果、御成敗式目《ごせいばいしきもく》ができたみたいなことを書いているようなものです。

> 元朝における南人を南方アジア人と主張する。英国を神聖同盟の主力と主張し、同同盟は明治維新の頃に綻び始めたと主張する。いずれも高校世界史の用語集や年表を一見すれば避けられる誤りである。こうした誤りすら訂正されずに上梓された事実から見れば、著者は高校水準の知識のみならず、知的誠実さすら欠くと言わざるをえない。

こんな内容の本なのに、新聞各紙に絶賛書評が出ました。書評を書いている大学の先生達は外務省に仕事をもらっていますから、まあ当然の結果でしょう。歴史の実証性を重視せずに主観的な発想によって歴史を見てしまう、知に対するシニシズムがあるからこそ、こんなでたらめな本を書けるのですが、それでも書評だけでのちに評価をしてしまうと、『戦略外交原論』という名著を書いた兼原信克さんという素晴らしい戦略家が安保法制を企画・立案した、といったことになってしまいます。こういった事例があるように、ヘーゲルに関する言説のどこまでが事実で、どこからが神話化されたかという線引きをするのは難しいのです。

## 玉虫色の安保改正法

せっかくですから、この兼原さんが立案した11本の改正安保法をもとに、ヘーゲル的知識をどう応用するかを試みてみましょう。

まず、難しいものには二通りあります。

一番目は、対象に問題があるのではなく、我々の知識や理解が不足しているからわからないものです。ヘーゲルはこれにあてはまります。

二番目は、でたらめ。議論が錯綜していて、常人では理解不能なことです。安保法制はこれにあてはまります。

安保法制をめぐっては、「日本の平和がより強く担保できる」と「明日戦争が起きる」というまったく正反対の声が上がっています。自民党の政治家は、「集団的自衛権はかっこいい！　俺たちだって身体張れるんだぜ」というヤンキーと変わらないメンタリティでいるし、一方で本当に戦争が起きてしまうから「絶対反対！」と叫んでいる人がいるという状況です。

ある外務省の先輩が、「これはホテルニューオータニの構造と同じだ。本館は２Ｆにロビーがある。本館のロビーを歩いてタワー館に行くと、そこはタワー館の６Ｆになっている。だから、何階にいるのかということを議論しても意味がない」と言っていましたが、この言葉のように、怪獣のキメイラのような法案なんです。

まず、２０１４年７月の閣議決定があります。一般には「集団的自衛権に関する閣議決定」と言われていますが、実際は集団的自衛権の行使をできなくするための閣議決定なのです。閣議決定の該当箇所を見てみましょう。

## ３　憲法第９条の下で許容される自衛の措置

（２）憲法第９条はその文言からすると、国際関係における「武力の行使」を一切禁じているように見えるが、憲法前文で確認している「国民の平和的生存権」や憲法第13条が「生命、自由及び幸福追求に対する国民の権利」は国政の上で最大の尊重を必要とする旨定めている趣旨を踏まえて考えると、憲法第９条が、我が国が自国の平和と安全を維持し、その存立を全うするために必要な自衛の措置を採ることを禁じているとは到底解されない。一方、この自衛の措置は、あくまで外国の武力攻撃によって国民の生命、自由及び幸福追求の権利が根底から覆されるという急迫、不正の事態に対処し、国民のこれらの権利を守るためのやむを得ない措置として初めて容認されるものであり、そのための必要最小限度の「武力の行使」は許容される。これが、憲法第9条の下で例外的に許容される「武力の行使」について、従来から政府が一貫して表明してきた見解の根幹、いわば基本的な論理であり、昭和47年10月14日に参議院決算委員会に対し政府から提出された資料「集団的自衛権と憲法との関係」に明確に示されているところである。

この基本的な論理は、憲法第9条の下では今後とも維持されなければならない。

---

ここで触れているのは、憲法13条の解釈から導き出される個別的自衛権のことで、従来どおりの政府の解釈にもとづいたものです。まず、何らこれまでの解釈と変わりがないことを確認しています。

---

(3)これまで政府は、この基本的な論理の下、「武力の行使」が許容されるのは、我が国に対する武力攻撃が発生した場合に限られると考えてきた。しかし、冒頭で

述べたように、パワーバランスの変化や技術革新の急速な進展、大量破壊兵器などの脅威等により我が国を取り巻く安全保障環境が根本的に変容し、変化し続けている状況を踏まえれば、今後他国に対して発生する武力攻撃であったとしても、その目的、規模、態様等によっては、我が国の存立を脅かすことも現実に起こり得る。

我が国としては、紛争が生じた場合にはこれを平和的に解決するために最大限の外交努力を尽くすとともに、これまでの憲法解釈に基づいて整備されてきた既存の国内法令による対応や当該憲法解釈の枠内で可能な法整備などあらゆる必要な対応を採ることは当然であるが、それでもなお我が国の存立を全うし、国民を守るために万全を期す必要がある。

こうした問題意識の下に、現在の安全保障環境に照らして慎重に検討した結果、我が国に対する武力攻撃が発生した場合のみならず、我が国と密接な関係にある他国に対する武力攻撃が発生し、これにより我が国の存立が脅かされ、国民の生命、自由及び幸福追求の権利が根底から覆される明白な危険がある場合において、これを排除し、我が国の存立を全うし、国民を守るために他に適当な手段がないときに、必要最小限度の実力を行使することは、従来の政府見解の基本的な論理に基づく自衛のための措置として、憲法上許容されると考えるべきであると判断するに至った。

ここで注目すべきは、「我が国に対する武力攻撃が発生した場合のみならず、我が国と密接な関係にある他国に対する武力攻撃が発生し、これにより我が国の存立が脅かされ、国民の生命、自由及び幸福追求の権利が根底から覆される明白な危険がある場合」に「自衛のための措置として」認められる、という箇所です。他国に対する武力攻撃によって、自国の存立が脅かされる事態とはどういうことなのか、続きの条文も見てみましょう。

---

(4)我が国による「武力の行使」が国際法を遵守して行われることは当然であるが、国際法上の根拠と憲法解釈は区別して理解する必要がある。憲法上許容される上記の「武力の行使」は、国際法上は、集団的自衛権が根拠となる場合がある。この「武力の行使」には、他国に対する武力攻撃が発生した場合を契機とするものが含まれるが、憲法上は、あくまでも我が国の存立を全うし、国民を守るため、すなわち、我が国を防衛するためのやむを得ない自衛の措置として初めて許容されるものである。

「上記の「武力の行使」は、国際法上は、集団的自衛権が根拠となる場合がある」を読んで、「集団的自衛権を認めた」と決めつけるのは早急です。

ポイントは、(3)と同様に「憲法上は、あくまでも我が国の存立を全うし、国民を守るため、すなわち、我が国を防衛するためのやむを得ない自衛の措置」とあることで、いわゆる存立危機事態をどう定義するかなのです。現代における国家とは、その領域内において、最高にして独立した権力を保持している主権国家であるとみなされます。それですから、存立危機事態とは、主権を侵害される事態を指しています。

当然ながら、日本に対する武力攻撃は、主権を侵害され、自国の存立を全うできない事態であり、個別的自衛権で対応することになります。それでは、「我が国と密接な関係にある他国に対する武力攻撃が発生し、これにより我が国の存立が脅かされる事態とはどういうことでしょうか?「密接な関係にある他国に対する武力攻撃」だけでは、別に日本の主権は侵害されていないので、存立危機事態にはあたりません。ですから、これは他国と我が国が同時に武力攻撃を受けている事態であると考えざるをえず、それは国際法上では個別的自衛権でも集団的自衛権でも説明ができるのです。

安倍首相がたとえで出した、日本人の母子が乗ったアメリカ船が日本に来るときに攻撃される場合は、日本人に対する攻撃ですから、戦争が始まる前であれば警察権の行使、戦争が始まってからであれば個別的自衛権の行使で対応できます。同時に、アメリカ船に対する攻撃でもあるので、国際法上では集団的自衛権の行使で対応することもできます。どちらでも説明することができるのです。このように、個別的自衛権にもあてはまるケースのみに国際法上でいうところの集団的自衛権を認めたというのが、2014年の閣議決定です。11本の法案は、この閣議決定から解釈することができるので、日本の自衛権をめぐる状況は、実は何も変わっていないと言えるのです。

ところが、もうひとつ、2015年4月に行われた2＋2会議（日本の外務大臣・防衛大臣と米国の国務長官・国防長官による安全保障協議委員会）での日米安保の改定ガイドライン（「日米防衛協力のための指針」）というものがあります。

まず、安倍さんのおじいさんである岸信介元首相が1960年に結んだ安保条約の第六条を見てみましょう。

> 日本国の安全に寄与し、並びに極東における国際の平和及び安全の維持に寄与するため、アメリカ合衆国は、その陸軍、空軍及び海軍が日本国において施設及び区域を使用することを許される。

ここでは明確に「極東」と範囲が限定されています。
次に、改定されたガイドラインを見てみましょう。

相互の関係を深める世界において、日米両国は、アジア太平洋地域及びこれを越えた地域の平和、安全、安定及び経済的な繁栄の基盤を提供するため、パートナーと協力しつつ、主導的役割を果たす。（中略）
日米両政府の各々がアジア太平洋地域及びこれを越えた地域の平和及び安全のための国際的な活動に参加することを決定する場合、自衛隊及び米軍を含む日米両政府は、適切なときは、次に示す活動等において、相互に及びパートナーと緊密に協力する。この協力はまた、日米両国の平和及び安全に寄与する。

---

「アジア太平洋地域及びこれを越えた地域」とは、「世界中どこでも」という意味と同じです。要するに、地球の裏までアメリカと一緒に戦争に行きますということを約束したのです。この改定ガイドラインを根拠にすれば、集団的自衛権をフルスペックで使えるようになり、アメリカが必要としているところはどこでも行けるようになります。

## 国内法VS国際法

このように国内法と国際法が矛盾した場合、どちらが上位になるのでしょうか？

国際法は、最終的には戦争を否定しておらず、暴力で物事を解決していいというプリミティブで粗っぽい法律です。司法試験でも選択科目なので、勉強している人は多くありません。昔は外務公務員上級職試験では必修でしたが、この試験がなくなってしまったので、いまや外務省の専門職員試験でしか出ません。キャリア外交官も実務に就いてから国際法について勉強するという状況です。

国内法と国際法の関係には、三通りの考え方があります。

一番目は、国内法と国際法は全然関係がないという考え方です。たとえば、朝鮮民主主義人民共和国（北朝鮮）は、主要な国際的人権条約に署名し批准している優秀国ですが、国民の基本的人権は守られていません。シリアから難民が大量に流出しましたが、アルバニア、ボスニア、クロアチア、セルビア、コソボといった紛争国同様、難民の受け入れ問題を心配しないでいい国のひとつです。難民問題を心配する国というのは、国際社会における人権の入場券を買っている国でもあるのです。北朝鮮は、国際法的には人権については満点ですが国内では関係ない、という二元論の立場をとっています。

二番目は、国内法を優位とする一元論的な考え方です。日本国憲法は交戦権を認めていないので、集団的自衛権も、憲法の範囲を越えるフルスペックのものは認められません。しかし、日本は国連憲章を受け入れて国連に加盟しており、安保理の決議にもとづいた集団安全保障のかたちで各国の貢献を求められることがあります。具体的には、国連軍の結成ですが、これは憲法違反になるので、日本の憲法学者やリベラル左派は、憲法に反することはやらないという立場をとります。一見、これはリベラルな立場に見えますが、実は国内法の決め方次第なのです。ハーグ陸戦条約（1899年採択、1907年改定）で、捕虜・傷病者の権利や毒の使用禁止が定められましたが、ナチスドイツはニュルンベルク法（1935年）でユダヤ人から公民権を取り上げたので、ユダヤ人に対して保全する必要はありませんでした。それだから、国際社会では、国内法優位の一元論というのは、いまはほとんど取られていません。国内法を優先する日本のリベラル派や左派の立場は、類型化するとナチスと同じになってしまうのです。

三番目は、国際法を優位とする一元論です。外務官僚はこの立場から、2014年

7月の閣議決定より、2015年4月の改定ガイドラインのほうが上であるというかたちで構成しました。この立場から11の法案を読むと、日本は自衛隊を出せるし、ホルムズ海峡に掃海艇《そうかいてい》も出せます。

先ほどのニューオータニのたとえ話でいうと、本館にいるときは2014年の閣議決定で、タワー階にいるときは日米安保条約の改定ガイドラインになるのです。

新聞の報道は、危機的状況になったという朝日新聞、東京新聞（中日新聞）と、これで安全保障が強まったという読売新聞、産経新聞にわかれていたでしょう。一方、公明新聞は、去年の閣議決定から基本的な構成は変わっていないと言っています。朝日新聞と産経新聞と公明新聞を読まないと、安保法案をめぐって世の中がどうなっているのかがよくわからない状況になってしまっているのです。

## 複雑化した問題をどう読み解くか

このように、ひとつのことが立場によって違って見えるというのは、まさにヘーゲルの世界です。ある当事者にはこう見えて、また別の当事者からはこう見えて……と、つねに複線的な思考を行うことが、ヘーゲルの物の見方なのです。

『精神現象学』は、ある仮説を立て、結論を出し、また考えなおして……という、いわば思考のプロセスを延々と続けます。すべてはプロセスであるから、『精神現象学』はくねくねくねくねと長大に展開していきます。私から見るとこう見えて、別の人からはこう見えて、全体像を鳥瞰しているであろう読者諸君からはこう見えるでしょう、という議論を続けていくのです。

ヘーゲルの「私からはこう見える」「別の人からはこう見える」と視座を変えることを、廣松渉さんの言葉を借りて説明すると「当事者の立場から（für es、直訳は「彼にとって」）」と「学理的反省者の立場（für uns、直訳は「われわれにとって」）」となります。「学理的反省者」とは難しい言葉のように思えますが、小説を再読するときのことを考えてみればわかります。又吉直樹さんの『火花』だったら、我々は「学理的反省者」だから、徳永は芸人をやめ、不動産屋に勤めるという筋を知っています。夫婦喧嘩をしている状況だったら、当事者の立場は夫と妻で、学理的反省者は夫婦喧嘩を観察している人です。「学理的反省者」は神様にもなるし、読者諸君にとっては、という意味にもなります。

ちなみにこの改正安保法のように玉虫色で二義的に解釈されてしまうような法律は、憲法違反です。どちらの視点に立つかによって全然違う解釈が成立してしまうと、存立危機事態を定義することができないので、また一から全部法的根拠を議論しなければなりません。実際に起きている国際問題と照らし合わせて考えてみるとわかりますが、南シナ海で中国が領有権を主張していることに対して、アメリカが航行の自由作戦を実行し横須賀からイージス艦を出しましたが、自衛隊は一緒に行動していません。1月にサウジアラビアがイランとの国交を断絶すると発表したことや、いまの「イスラム国」による混乱は、中東の緊張が一気に高まっていることの表れで、安倍首相が言っていた存立危機事態に限りなく近いけれども、派遣については一切議論になっていません。結局、これまでの個別的自衛権と変わりがないから、自衛隊を出すことはできないのです。ＰＫＯの駆けつけ警護は、治安活動・警察活動にあたり、これは国の行政権、外交権の範囲なので、憲法が禁じている軍事・武力行使にはあたりません。ですから、集団的自衛権を出す問題ではないのです。

## 哲学者の社会への視点をつかむ

ヘーゲルは、人間と社会が自由になるためにはどうすればよいかを模索して、キリスト教に限界を感じ、哲学の道に進んだ人です。だからこそ、ナポレオンを間近で見て興奮して「世界精神が馬に乗って通る」と書き残したり、フランス革命に熱狂したり、現実の歴史に常に関心がありました。プラトンやアリストテレスのように、哲学者は政治家のなりそこないが多く、ヘーゲルも思想で世の中を動かそうとして学者になった人なのです。哲学者の背景にある情熱をおさえておくと、なぜそのような文章を書いたのかという動機もわかるようになります。

たとえば、ヘーゲルは『歴史哲学講義』で、歴史は絶対精神の運動であるが、絶対精神を動かすエネルギーは、野心を持った政治家や軍人といった英雄の情熱であると書いています。アレクサンダー大王は客死し、カエサルは暗殺され、ナポレオンは島に流される、といった具合に英雄は非業の死を遂げる。歴史は自分の財布から金を払わず、個人の情熱に支払ってもらうことで動いている。これを歴史の狡知、ズルさだと言うのです。ヘーゲルが政治への関心があったからこその考察です。

ヘーゲルは、同じ『歴史哲学講義』で、英雄の身の回りの世話をする従僕の歴史観というものがあるとも書いています。従僕は、自分の品性のレベルでしか英雄を見ないので、酒が好きといったようなゴシップ的な側面ばかりで、英雄が果たしている歴史的役割を顧みません。だから歴史書を読む場合は下の奴が書いたものではなく、トップあるいはトップの近くで全体を俯瞰できた立場の人間が書いたものを読め、と言っています。こういったことに気づくのも、ヘーゲルが社会や人間に関心があったからでしょう。ヘーゲルは奥さん以外の女性との間にも子どもがいたりと女好きでしたが、家族を持って社会生活を営んでいるので、まだバランスがとれています。世の中には独身者の思想というものがあって――カントやライプニッツですが、生活に基盤がなく極端に走りがちなので、人を引きつける魅力はありますが、気を付けたほうがいいでしょう。

# 第5章

# 知の技法を培う

## 現実の出来事を見るために古典を読む

なぜヘーゲルのように難しくて、資格や語学みたく人生に直接的に役立たない面倒くさい本を読み解いていかねばならないのかと思う人もいるかもしれません。しかし、ヘーゲルのような古典こそ、現実の出来事を具体的に見ていくうえで役に立つのです。すでに述べましたが、実用的なノウハウは使える用途が限られているので、そのような断片的な知識をいくら身に付けても、長期的には役立ちません。根源的な知を身に付け思考の土台を作り、実際に役に立つところまで落とし込んでいくことが求められています。逆に言えば、実際に役に立つところまで落とし込むことができないのならば、ヘーゲルを読む意味がありません。私は『いま生きる「資本論」』（新潮社、2014年）『いま生きる階級論』（新潮社、2015年）などでマルクスの読み解きを一所懸命にやっていますが、それも現実の具体的な出来事の見方を身に付けるためなのです。

ヘーゲルの著作では、私は『エンチクロペディー』がいちばんおもしろいと思っていますが、ヘーゲルの思考をつかむには『精神現象学』を読めば十分です。最初の著作なので非常に荒削りですが、ヘーゲルが将来的に語りたいと思っていたことがすべて盛り込まれています。

## 対話による思考法

ヘーゲルのような古典哲学を読み解いていくには、まず解説書を読み、全体像をつかんでからのほうが、頭に入りやすくなります。

矢崎美盛の『ヘーゲル精神現象論』（岩波書店、1936年）を手掛かりに、ヘーゲル体系の糸口をつかんでいきましょう。この本が出た当時は、いまのように日本語で書かれた参考書や解説書は何もなく、矢崎さん自身がドイツ語の原典と必死に格闘しながら、わかることとわからないことを仕分けしつつ、当時の高等学校の学生が理解できるように書いています。私はこれまでに『精神現象学』の入門書をいろいろと読んだのですが、自分の頭で考えて書いているという点では、日本人が書いたものでこれを超える本はありません。

ヘーゲルの『精神現象学』には、まず序文があるのですが、矢崎さんはこんなことを言っています。

---

偖《さ》て、吾吾《われわれ》は、『精神現象論』の本を取り上げよう(Schulze版、Bolland版、Lasson版、Weiss版等。Baillieの英訳The Phenomenology of mind, 金子武蔵氏の日本語訳、等)。そこには、まっさきに『序文』がある。ところで、吾吾——その吾吾は、いま、ヘーゲルの哲学においては未だ何事をも知ってはいない、——は、殆《ほとん》ど全くこの『序文』を理解することが出来ない事を告白しなければならない。(旧字・旧仮名づかいは新字・新仮名づかいに改めた。)

---

『精神現象学』には、序文が二つあります。一つ目は「序論 学的認識について」、二つ目は「緒論 現象学の意図と方法」。序論が二つあるというのは、本としておか

しい造りなんですが、この「序論 学的認識について」は、ヘーゲルがすべてを書き終わったあとに書いているので、実際は結論なんです。結論は、全体を通読したうえでないとわからないので、矢崎さんが言うように、この序論を読んでわからないのは当然のことなのです。

それは吾吾の無能力の故であろうか。
否。そうではない。

これは、弁証法的な構成になっています。「それは吾吾が無能力の故ではない」と書くのではなく、「それは吾吾の無能力の故であろうか」という質問に対して、「否。そうではない」と答える。弁証法は「正反合」という難しい概念のように思われていますが、一方の見方と他方の見方が対話をしながら発展していくという方法です。たとえるなら、小学生の学級会のように、みんなが何の力関係もなく様々な議論をして発展させていくというやり方なので、パターナリズム（上位の者が下位の者の利益になるように半強制的に介入すること）とは違います。一昔前は、医者と患者の会話は典型的なパターナリズムを示していました。最近は説明責任や開示責任が問われ始めたので、医者は患者にデータを渡して説明するし、セカンドオピニオンをとることを勧めることもありますが、専門知識の差があるので、完全にフラットな対話にはなりません。教育の現場においてもそうです。学生のほうが知識を持っていないから、サンデル教授をまねて熱血教室型の講義をやったとしても、高等教育の目的である知識の伝授が為されないので、単なる手抜きになります。

弁証法はいたるところに生きています。たとえば警察や検察の調書は、基本的に一人称です。「悪うございました」と認めてしまっている時には、真理を簡単にするために弁証法的な構成をとらず、「わたくし佐藤優は某月某日に、新宿駅の西口で日本酒を2合ほど飲んだところで人事不省になり、隣にいた男が暴言を吐いたのでカッとなり手を出してしまいました」といったような一人称になるんです。それに対して、断固否認している場合は、問答式になります。「あなたは5リットルのお酒を飲みましたか？」「よく憶えてはいません。2合は確実に飲みましたが、5リットルもの酒は飲めないと思います」とか、「隣の人が先にあなたに対して暴言を吐いたのですか」「いいえ、その点はよく憶えていません」というのは、弁証法的な構成です。検察官や警察官が「私はこいつの言っていることには同意していない」というのをわかるようにするために問答形式にして、裁判官に判断させるんです。

会社でレポートを書くときにも、弁証法は使えます。取引先とのやり取りを報告するときには、全部まとめて書くのではなく、話がまとまらなかったところは、こういうやり取りがありました、といって問答式にしておきます。そうすれば、第三者がみても、こちらと相手の言い分がよくわかります。責任を明示しておいて、あとで自分が言っていないこと、納得していないことまでかぶらないようにするためには、適宜、問答式を入れておくとよいでしょう。

矢崎さんの本の続きを読んでいきましょう。

(中略)この『序文』に於いてヘーゲルの語っている所の事柄は、現象論の本文を通して為された議論の完成を俟《ま》って後に成立すべきものである。『序文』の内容は、本文の全内容を前提している。それは、本文が最後に到達した言わば結論をまって、甫《はじ》めて言表乃至《ないし》主張し得らるべき性質のものである。(中略)それ故に、現在の吾吾にとって、軽軽しくこの『序文』を読むことは、むしろ、ヘーゲルの哲学について、その言葉や概念について、誤った先入見を構成する様な危険をさえも含んでいる。極端に言うならば、いまここでは、この『序文』を読まない方が、むしろ賢明であるかも知れない。

要するに、矢崎さんはこの序文を読んでしまったことにより『精神現象学』の理解がきわめて遅れてしまったので、次の「緒論」から読んだほうがいいというアドバイスをしているのです。我々はヘーゲル研究者になるわけではないから、序文は問題があるということを認識しておく程度でいいのですが、せっかくなので『精神現象学』の序文を読んでみましょう。

---

著者が自分の著作において企てた目的とか、いくつかの動機とか、また自分の著作が同じ対象についての前時代や同時代の論作に対してどのような関係にあるかについて、――序文で前もって説明しておくのが慣例になっている。だが、このような説明は、哲学的著作の場合には余計であるだけでなく、事柄の性質から言って適当ではなく、目的に反するようにさえ思われる。

ヘーゲルは序文であれこれと説明するのは哲学書には不適当で目的に反すると書いているのですが、この序文は平凡社ライブラリー版では95頁もあります。すでにヘーゲルの言っていることは崩れていますが、『精神現象学』はこういう荒削りなところも魅力なのです。

# 自己絶対化しないための思考法

というのは、哲学について、序文という形で語るのに、どのように、また何を語るのがふさわしいと考えられるにしても——たとえば、傾向や立場、一般的な内容や帰結などについての歴史的事実の報告、〔——〕また真理についてあれこれ語り散らす主張や断言を継ぎ合せることなどだが、——こういうことは、哲学的真理がのべられるのにふさわしい仕方とは考えられないからである。また、本質的には哲学は、特殊を包む普遍という場〔境位〕のなかに在るものである。そのため、哲学の場合には他の諸々の学問の場合よりも一層、事柄そのものは、目的もしくは最終の結果のなかに、しかも完全な本質となって表現されているが、これに比べると実現の過程は本質的でないように思われがちである。

どういう思考プロセスで生まれたのかということにエネルギーを使っても意味がなく、結論だけあればよいのではないかということを逆説的に述べています。ですが、『精神現象学』でのヘーゲルは、ある仮説を立て、結論を出し、また考えなおして……という、いわば思考のプロセスを延々と続けていきます。たとえば平凡社ライブラリー版上巻の367頁から396頁では、人頭蓋骨のかたちについての学説を延々と説明して、最後に「私が調べたことはまったく意味がなかった。頭の形や人相と人間の精神はまったく関係がない」ということを導き出しています。いまではナンセンスに思えますが、当時は、頭蓋骨の形を見れば劣等かどうかがわかるという学説がありました。こういった似非科学は現在でも生きており、日本で定期的にブームになる血液型占いは、その最たるものです。ヨーロッパやアメリカでは血液型を知らない人のほうが多いぐらいで、血液型と性格を結びつけるのは、ナチスの似非科学と近い考え方なので、受け入れられません。ヘーゲルの考察は、こういった似非科学や人種主義への強力なアンチテーゼになっています。ぎりぎりまでナンセンスな学説に付き合うからこそ、先に進むことができるのです。意味がないことを明らかにする意味というのが、ヘーゲルを読むとよくわかります。すべてはプロセスであるから、『精神現象学』はくねくねくねくねと長大に展開していきます。私からはこう見えて、別の人からはこう見えて、全体像を鳥瞰しているであろう読者諸君からはこう見えるでしょう、という議論を弁証法的にずっと続けていく未完の体系なのです。

すでに触れましたが、このように「私からはこう見える」「別の人からはこう見える」

「読者諸君からはこう見える」と視座を変えるのが、ヘーゲルの特徴です。このヘーゲルの見方を頭に入れておけば、自分の考えを絶対視することにはなりませんし、多数の立場の違う人が関わって複雑化している問題を読み解く際のヒントにもなります。

## 理性による分析では表せないもの

ところが、たとえば解剖学、これはいわば身体が生命関係をもたない定在という側面から考察された身体各部の知見なのだが、この解剖学とは何であるかという一般的な考えにあっては、事柄そのものすなわち解剖学の内容をまだもっていない、と確信されており、そのうえ、特殊を手に入れるように努力しなければならないと、確信されている。——さらに、学問と名のる権利ももたないような、こういう知見のよせ集めにあっては、目的やそれに類する諸々の普遍性についてのおしゃべりは、その内容そのものについて、つまり、これこれの神経、筋肉などについて語るときの、事実を列記して行くだけの、無思想な方法と少しもちがわないのが普通である。ところが、哲学の場合にはそういう方法を使うとこの方法が、己れ自身によって、真実を把握することができないと指摘されるという不整合が生ずることになろう。

解剖学では、心臓、腎臓、筋肉といった部分だけを取り出して議論しても、人間がどういうものかはわかりません。ところが哲学では、存在とは何か、概念とは何か、といったいろいろなカテゴリーの知見を寄せ集めることで全体がわかる、となっています。これはカントの系譜の考え方なのですが、それに対して批判的な意見が述べられています。体系知についての考えにも通じているのですが、部分と全体との関係において、全体が有機体として機能していないといけないという発想が、ヘーゲルにはあります。従って、要素ごとに分けていく工学的な解析にも批判的でした。たとえば、光をプリズムによって7つに分けるというような解析をすると、トータルな「光」から抜け落ちてしまうものが必ずあって、同じように理性による分析には抜け落ちているところがあると、ヘーゲルは考えるのです。そこの意味において、ヘーゲルはキリスト教神学でいう否定神学――「～である」という肯定のやり方で定義していくのではなく、「～でない」という否定を積み重ねていき、その残余を示して物事を定義していくという考え方に近いのです。

## 現実世界は常に「運動」している

さらに、ある哲学的著作が、同じ対象についての、〔哲学とは〕異なった仕方の考究に対してもっているとされる関係の規定によって、的はずれな関心が引きいれられて、真理の認識の根本となっているものがぼかされてしまうことがある。想念〔思いこみ〕というものは、とかく真と偽の対立を確固として動かないものと考えてしまいがちであるが、そうなればなるほど想念〔思いこみ〕は現存の哲学体系に対し賛成か反対かのいずれかを期待し、この体系について説明するときには、賛否のいずれかだけを見るのが普通である。想念〔思いこみ〕は諸々の哲学体系のちがいを、真理が前進するときの展開とは見ないで、このちがいのなかに矛盾だけを見ている。つぼみは、花が咲くと消えてしまう。そこで、つぼみは花によって否定されるということもできよう。同じように、果実によって花は植物の偽なる定在と宣告され、その結果植物の真として果実が花に代って登場することになる。これらの形式は互いに異なっているだけでなく、互いに相いれないものとして斥《しりぞ》け合う。しかし、これらの形式は、流動的な性質をもっているため、同時に有機的統一の契機となり、この統一にあっては形式は互いに対抗しないばかりか、一方は他方と同じように必然的である。

つぼみは花が咲くと消えてしまい、その花が枯れないと果物はなりません。しかし、最終形の果物だけが真実ということではなく、つぼみや花は確かに存在していたから、つぼみから花になって、花から実になって、実から種になって、というつながりのなかで見ていこうという考え方が書かれています。

ヘーゲルの哲学のなかには「運動」があります。こういう運動をしているなかのある部分を静止画像のように取り出して、それを動かざる真実だと思ってしまうと、間違えてしまいます。たとえば、膨大な金をかけて外見上の若さを維持しようとするような行為は、静止画像の自分を非常に重視してしまい、年老いて容貌が衰えるという当たり前のことを認めることができないからです。当事者はある静止画像のなかに真理があると思ってしまうのだけれど、現実世界は運動していて常に動いているということをヘーゲルは言っています。自分の意見や立場に固執してしまうということはよくありますが、状況はどんどん動いていくし変わっていきます。それと同じように、自分自身の考えも変わっていくのです。

## 独断論と不可知論

矢崎さんの本に戻りましょう。矢崎さんはヘーゲルが序文で何を言っているかを端的に要約しているのですが、これは『精神現象学』の要約であるとともに、ヘーゲル哲学体系の要約にもなっています。

(一)真理は全体である。
(二)真理の形態は体系である。
(三)真理は、実体としてではなくて、主観として理解され且つ表現される。

この三点を丁寧に読み解いていきましょう。

まず、真理は全体であると言われる。この断定は、一般的の立言としては、まことに申し分のないものである。いかなる哲学者も、如何様にか「全体」として把捉されたる「真理」をば、その探求の目標としている。だから、真理が部分でなく全体でなければならないと言うことは、寧《むし》ろ自明の事柄に属している。ところが、ヘーゲルの場合には、この断定は決して自明ではないのである。即ち、ヘーゲルが、「真理とは、いづれの人（項、部分）とても酔わぬことなきバッカスの祭りの人人（全体）の狂乱である」、と言うのを聞くとき、この一般的には自明の事柄が、ここでは寧ろ逆説的なものと見えて来るのである。蓋《けだ》し、吾吾は、最初に、全体は相互に相矛盾し相否定する部分から組成されていること、真理の過程の中には誤謬が必然的契機として含まれていること、等を承認すべく命ぜられている。真理（狂乱）の部分は誤っていること（酔っていること）が必然であると言われる。真理は、誤謬乃至不完全なる段階を前提し、これらの段階は全体の真理の本質的必然的契機であるが、未だ全体の真理ではないと言う。そして、この全体と部分の関係については、（全体が部分よりも優位に立つものとは見えるが）、当面の『序文』は何らの解明をも与えていない。通常の思考にとっては不可解の言葉で展べられた真理概念である。かくて、ここには、この真理観は、むしろ、一つの独断的断定として呈示されていると言うのほかはない。

〈この真理観は、むしろ、一つの独断的断定として呈示されていると言うのほかはない〉とあります。物事を現象学的に、目の前にあるものを素直に見ていくと、立場設定は二通りに分かれます。

一番目は独断論です。他の人はどう思っているかは知らないけれど、私はこう思っているから、これが正しいのだという立場です。

二番目は不可知論です。私の言っていることは間違えているかもしれないし、他の人が言っていることも間違えているかもしれず、何が正しいかはわからないという立場です。

何かについての意見を表明するときには、このどちらかの立場からスタートするしかありません。ひとりの人間が何の対話もせずに——弁証法を行わずに、何かを客観的真理だとする立場からスタートすることはできません。世の中の出来事を究極的に詰めていくと、「私はこう思う」という独断論か、何が正しいかはわからないという不可知論のどちらかからスタートするしかないのです。

ヘーゲルは独断論に立ちます。現象学を提唱したフッサールも、独断論です。哲学の教科書には、フッサールの現象学とヘーゲルの『精神現象学』は何の関係もないと書かれていますが、独断論からスタートしているという点では同じです。言語によって説明をしていくやり方では、自分で自分のことをどう説明するかという問題に対して、認識する主体も対象も「自分」になってしまうので、説明を超克するかたちで説明するというやり方にならざるをえません。こうなると、比較的簡単に魂のインフレーションを起こしやすくなります。

これも独断論からの立場での表明になるのですが、自分のことを客観的に他者に説明することは究極的にはできないのではないかと、私は思っています。

## 全体主義と普遍主義

〈真理は全体である〉という一文についてですが、「全体」という言葉の意味が、戦前、戦中と現代で変わってしまいました。いま「全体主義」は、ひとつの主義に染め上げる絶対的に悪いものだと思われていますが、ヘーゲルは、全体は複数あると考えているのです。ネコはネコ属で全体、イヌはイヌ属で全体というように、複数の全体が存在します。ネコにもイヌにも通底する肉食獣というカテゴリーを「全体」とすると、今度は草食獣という「全体」が出てくるし、肉食獣と草食獣で「全体」とすると、動物というカテゴリーが出てきます。動物を「全体」とすると、今度は植物が出てくる……といったように必ず対比する概念が出てくるので、「全体」は、全体を覆うことはできません。全体を覆うことができるのは、「普遍」です。中世において、普遍論争が大きなウエイトを占めたのは、普遍＝神様だと考えたからなのです。

プロレタリアートが権力を握って資本家がいない世界をつくる共産主義は、全体主義ではなく普遍主義になります。「イスラム国」も、普遍主義です。アッラーの神のもと、地上ではシャリーア（イスラム法）が適応されるたったひとつの共同体・カリフ帝国をつくることが目的だからです。これに対して、ナチズムやファシズムは全体主義になります。アーリア人種の優越性を説く以上、劣等人種が存在しなければいけません。ファシズムは、「束ねる」という意味のイタリア語のfacioから来ていて、イタリア人でなくてもムッソリーニの理念に共鳴しているのなら、束ねられる対象である同胞になります。しかし、ムッソリーニの言うことに協力できない場合は、たとえイタリア国籍を持っていても非国民になります。こういうふうに、いくつかの主体が並列する分類をするかたちになるので、ファシズムは普遍概念にはなりません。

戦後、全体主義と普遍主義は混同されてしまい、力によって普遍主義を実現しようとするものが全体主義と呼ばれるようになってしまいました。この違いを整理しないと、「イスラム国」の動きを、誤解してしまうことになります。我々に迫っているのは普遍主義の脅威なのです。普遍主義は、それ以外の様々な集団を破壊することで、存在することができます。対する全体主義は、複数性を尊重し切磋琢磨していくというモデルなので、多数の価値観の共存が可能です。こういったテーマに関心がある人は『廿《にじゅう》世紀思想第8巻 全体主義』（河出書房、1939年）を読むとよいでしょう。マルクス主義の影響下にありながら共産党ではなかったリベラル派の三木清《みききよし》や恒藤恭《つねとうきょう》が編者で、西田幾多郎門下だった務台理作《むたいりさく》が概論を書いています。ファシズムの理論家として、いまは社会福祉や経済学の教科書に出ているヴィルフレド・パレートもとりあげています。

安倍首相を「ファシズム」と言う人がいますが、経団連に内部留保を吐き出させたり、日銀に国債を負担させたりというのは、全体主義のやり方です。一方で格差を広げたり投資を積極的に推進したりという新自由主義的な経済政策は普遍主義の方向に向かっているので、政策が両者の間で引き裂かれています。新自由主義、資本主義は基本的には普遍主義です。新自由主義の主体は多国籍資本などの法人であって、生身の人間ではありません。法人はアソシエーションですから、必ず疎外が起きます。宗教も、疎外することで普遍性を得ていきます。そこがアソシエーションのおそろしいところで、私はアソシエーションを無条件で礼賛することは差し控えています。

## 真の知とは何か

矢崎さんの本の続きを読んでいきましょう。

次に、真理の形態は学的体系であること、換言すれば、知識はただ学的体系の形に於いてのみ真であり、体系的学なしには真の知識はないということ、が言われている。この断定も、一般的には、決して不可解のものではない。「学」とか、「体系」とかいう言葉も、決して耳なれぬ言葉ではない。

ドイツ語では知識はWissenで、全体性を示すchaftがつくと、体系知Wissenschaftになります。いくら知識を積み上げたところで、その知識が連関したつながりを持つ体系知でないと意味がないというのが、ヘーゲルの考え方です。中世神学の格言にも、「博識と対立する総合知」という言葉があります。いくら情報や知識を集積したところで、神様を知るのにはつながらないから、そういう知識は何の意味もないという意味なのです。

ところが、ポストモダンの時代には、体系知は徹底的に否定されました。フランスの哲学者リオタールが『ポスト・モダンの条件』（１９７９年）で、「大きな物語の終焉」を提唱します。体系知というのはある編集方針をもとに作られており、それ自体が何らかの権力下にあるから、そういう近現代的な知を脱構築しないといけない。そこで小さな差異に戯れて、大きな物語、体系知を否定するというのが、１９８０年代からバブルが崩壊するまでの主流になったのです。でも大きな物語を作って人々を動かすという意味では、体系知はすごく重要だし、人間は何らかの物語を作り出してしまう動物なので、体系知を作る作業を知識人がおろそかにしてしまうと、悪貨が良貨を駆逐するというグレシャムの法則のように、箸にも棒にもかからない言説が跋扈《ばっこ》してしまいます。

いまの日本は、いい大学を出ていい会社に就職して結婚して子どもを二人持って……という高度経済成長時代の「大きな物語」が崩れてきてしまっています。年功序列ではやっていけない会社が増え、上場企業に就職してもシャープのように立ちゆかなくなって外国企業の傘下に入ることもありえます。司法試験や公認会計士試験に合格しても貧困になる可能性があります。頑張ればなんとかなるという勤労国家的なモデルが崩れてしまっているのです。それに呼応して、国も勤労者の生活を支えることをあきらめ、新自由主義的になってきています。安倍政権が年金の運用比率を変えて株式市場に突っ込んで5兆円超もの損を出したりしているのもその表れでしょう。そのような状況ですが、まだ日本で機能している大きな物語があるとすれば、生前退位が一大ニュースになったように、「天皇」だと思います。

続きを読みます。

---

最後に、真理は実体としてではなくて、主観として表現されるという断定は、吾吾にとって最も理解し難いものである。抑も、この場合、実体とは何か、主観とは何か。『序文』は、ある程度まで、これらの言葉（概念）を説明している。しかし、その説明のために使用されている言葉（概念）そのものが、また吾吾にとっては不可解のものである。例えば、実体は、「直接態」、「単純性」、「非現実」、「抽象性」と言われ、これに対して、主観は、「生きているもの」、「現実的」、「具体的」であり、実体は本質的には主観であると説明されるのであるが、吾吾はこれらの言い方を理解し得ない。ただ吾吾は、実体とか主観とかいう言葉が、吾吾の通常の語彙の指示する意味を以って覆われ得ざることを感ずるのみである。ヘーゲルがそれらについて充分の解明を与えて呉れるまでは、それらの言表は吾吾にとっては独断的にしか

——きこえない。

ここで矢崎さんが不可解と述べているヘーゲルの考え方をかみ砕いて説明すると、主体的なコミットメントをしないものは学知ではないということなんです。「主観」と「主体」は日本語ではだいぶイメージが違って、主観は個人の考えに固執するという意味合いがあるように取れますが、ドイツ語では「主観」も「主体」も一緒の語です。我々は、主体的なコミットメントなしに、思考することはできません。ヘーゲルは、ただ「知っている」という実体としてではなく、主体的にコミットメントする主観であってこそ真理は表現されるということを言っています。ただ知識を詰め込むだけでもダメだし、ただ知っているだけでもダメというヘーゲルの「知」についての考えは、200年前に言っていたことですが、我々がどのような知を身に付けていけばよいかという点からも示唆に富んでいます。

## 多元的なヘーゲルの読み方

ヘーゲルの『精神現象学』に戻りましょう。

しかし、概念と対象、尺度と吟味さるべきものが、意識自身のなかに現存するという、この側面から言えば、われわれの側からの付け加えは、余計なものであるだけではない。なお、われわれは両者を比較する労を、そして本来の吟味をも免れるであろう。したがって、意識が自己自身を吟味するのであるから、この側面から言っても、われわれはただ純粋に見ていればいいことになる。というのも、意識は一方では対象の意識であり、他方では自己自身の意識であるからである。つまり、意識は、意識にとって真であるものの意識であると同時に、その真についての己れの知の意識でもあるからである。この両者〔真としての対象と意識としての知〕は同じ意識にとってのことであるから、意識自身が両者を比較するのである。つまり対象についての意識の知が、対象に一致するかどうかということは、同じ意識にとってのこととなる。なるほど、意識にとって対象は、意識が対象を知る通りに在るにすぎないように思われる。つまり、いわば背後にまわって、対象がその同じ意識に対して在る通りにではなく、自体的に在る通りに知ることは、できないように思われる。したがって、対象の知が対象において吟味されうるようにすることは、できないように思われる。けれども、もともと意識が対象について知っているということのなかには、すでに区別が現存している、つまり、何かが意識にとって自体的なものであるが、これとは別の契機は、知、すなわち、意識にとっての対象の存在、であるという区別が現存している。現存するこの区別に基づいて吟味がなされているのである。このように比較するとき、両者が一致しないならば、意識は自らの知を変えて、自分を対象に一致するようにしなければならない、と思われる。だが、知が変るときには、実際には、知にとって対象自身も変るのである。なぜならば、現存する知は本質的には、対象についての知であったからである。つまり、知とともに対象も別の対象となる。というのは、対象は本質的には知に帰属していたからである。したがって、意識から見ると、初め意識にとって自体であったものは、自体ではないということ、つまり意識にとって自体であったにすぎないのだということになる。だから、意識がその対象において、自らの知と対象が一致しないことに気がつくときには、対象自身も持続してはいないのである。言いかえると、尺度によって測られるべきものが、吟味に堪ええない場合には、その吟味の尺度が変るのである。吟味は知の吟味であるだけでなく、尺度の吟味でもあるわけである。

一読しただけでは、何のことかわからない人がほとんどでしょうが、ヘーゲルは、物事を何らかの対象として測るためにはどうすればよいか、ということについて述べています。

たとえば、洗面器にお湯が入っているとします。このお湯の温度を測る時には、温度計を使いますが、温度計自身が何らかの温度を持っているから、温度計を差し込むことによって、何らかの影響をお湯に与えているかもしれません。そういうふうに考えると、温度を測っても、その温度は、温度計を入れる前と厳密に同じなのでしょうか？　あるいは、普天間基地の辺野古移設をめぐる世論調査をすることになったときに、「中国の脅威が強まっている状況で、普天間基地の辺野古移設を粛々と遂行することが正しいと考えますか？」という質問案Aと、「沖縄の圧倒的大多数の民意が反対し、流血の事態も想定される普天間基地の辺野古移設を強制すべきであると思いますか？」という質問案Bのどちらで調査をするか。測る尺度によって、対象そのものが変わってしまうんです。

このように尺度によって対象が変わってしまうなかで、どうやって、正しく対象をつかめばよいのでしょうか。様々な測りで試行実験をやって、この人にはこう見えて、あの人にはああ見えて……ということをやっていき、学理的反省者の立場から全体を総合すると、こう見えるけれど、それ自体が暫定的なものでしかなくて、また動きうるのです。このように物事を把握していくヘーゲルの考え方からは、私にとってはこの事柄は絶対に正しいけれど、それは暫定的であって、他の人には他の絶対的に正しいことがありうるという考え方が導き出されます。

このように、私は、ヘーゲルの体系からは多元的で全体主義的な読み方をしますが、普遍主義的な読み方をする人もいます。冷戦後にアメリカが世界を支配していくというグローバリゼーションの位置づけをして一世を風靡したフランシス・フクヤマの『歴史の終わり』（三笠書房、２００５年）は、普遍主義的なヘーゲルの読み方です。ただし、フクヤマはヘーゲルの著作から直接ではなく、ロシアのネオ・ヘーゲリアンでフランスに亡命したアレクサンドル・コジェーヴ経由でヒントを得ています。プーチンが掲げる一連のユーラシア主義的な発想も、コジェーヴと同じネオ・ヘーゲリアン学者のイワン・イリインからきています。イリインは１９１８年に『神人の具体性に関する言説としてのヘーゲル哲学』という本を書いていますが、それを援用してヘーゲルのいう世界精神をプーチンが体現し、その体現しているプーチンそのものがロシアであるという組み立て方をしています。

## アナロジーの技法

このように読者のみなさんには、ヘーゲルの思想やモノの見方を具体的な例に落とし込んでいく技法を身に付けていってほしいのです。安保関連法やプーチンのような大きな題材だけでなく、洗面器のお湯に温度計を入れるとか世論調査のやり方といった身近な例で構いません。

この作業に必要なのは、入学試験や資格試験のために身に付けてきた、公式や理論を憶えて練習問題を解いていくという技法ではなく、物事を類比的に理解していくアナロジーの技法です。アナロジーとは、物事にある何らかの鋳型やひな形がどう変型しているかを推論することで、ヘーゲルが言っていることの関係性や構造が、まったく関係ない問題にもどういうふうに表われているのかという読み解きをしていくのです。神学では、アナロジーを多用します。物事の森羅万象から神の意志を読み解くというようにアナロジーを使えば「存在の類比」になるし、イエスとイエスの周りの人との関係から読み解くというようにアナロジーを使えば「関係の類比」になります。

思考の鋳型を身に付けるには哲学の知識が必要ですが、アナロジカルな見方をするためには文学的な素養が必要になります。すぐれた小説を読んだり映画を観たりすることは、他の人の体験を類比的にとらえていくために必要なことです。

たとえば、松山ケンイチさんと永作博美さんが主演している『人のセックスを笑うな』（井口奈己監督、２００７年）という映画があります。山崎ナオコーラさんの原作よりも映画のほうによく表われていますが、永作博美さん扮するユリは、構造的には、『ヨブ記』に出てくる悪魔と同じです。彼女が現れることによって全体の磁場が乱れ、彼女の言葉によってみんながおかしくなっていく。ユリは積極的なウソはつきません。そもそもはサユリという名前だけれど、みんながユリちゃんと呼んでいるから訂正はしない。結婚していて旦那さんがいるけれど、聞かれるまでは言わない。ユリが現れることで、松山ケンイチさん扮するみるめ君と蒼井優さん扮するえんちゃんのバランスも崩れていきます。人の言葉から悪が生まれてくるというヨブ記の構成がよく埋め込まれています。

立場によって意見が対立してしまっている問題をどうとらえるのかということに対しても、映画はすごくいい材料になります。いま韓国で人気になっている『仁川《インチョン》上陸作戦』（イ・ジェハン監督、２０１６年）という映画があります。これは朝鮮戦争中の１９５０年にマッカーサーが発案したソウル奪還作戦を描いた映画なのですが、北朝鮮にも仁川上陸作戦を題材にした『月尾島《ウォルミド》』（チョ・ギョンスク監督、１９８２年）という映画があります。３門の火砲と数百人程度の兵士で、５万人のアメリカ人兵士に対して３日間島を死守しろという指令が出て、それを遂行するという話なんです。最後の３日目に、生き残った数人の兵士が手榴弾で戦車に体当たりして玉砕するという筋で、北朝鮮ではこのように徹底抗戦したというふうに信じられていますが、韓国では上陸から45分で島を確保したことになっています。同じ史実を題材としていても、北朝鮮と韓国では見方が違うということがよくわかります。

## 集中と選択を経た理解

それでは、ヘーゲルに戻りましょう。

> 以上のような弁証法的運動は、意識にとって新しい真の対象がそこから生れてくる限りで、意識が自分自身において、自らの知と自らの対象において、行う運動であり、本来は経験と呼ばれるものである。この点で、たったいまのべた経過に即して、一つの契機を取り出し、これによって、これからのべる学的な側面に、新しい

光をあてる必要がある。意識はあるものを知る。このときこの対象は実在であり自体である。だがこの対象は意識にとっても自体である。そこでこの真の〔秘めていた〕あいまいさ〔二重の意味〕が現われ出てくる。われわれは、意識がいま二つの対象をもっていることに気がつく。一番目のものは初めの自体で、二番目のものはこの自体の、意識に-とっての-有である。後の対象は、さしあたり、意識の自己自身への反照［省］であるにすぎないように思われる。つまり、対象という表象ではなく、初めの対象についての意識の知、という表象にすぎないように思われる。しかし前にも言ったように、そのとき意識にとっては、最初の対象が変っているのである。つまり、対象は、自体であることを止めており、意識から見ると、意識にとって自体であるにすぎないもの、となるのである。だが、そうなると、この、自体の、意識にとっての有が真であることになる、すなわち、これが実在であり、意識の対象である。新しいこの対象は、初めの対象が空しいこと〔否定〕を含んでいる。新しい対象は、初めの対象に対して行われた経験である。

何かを見て理解する――この行為には、集中と選択が行われています。我々は対象の事物からいくつかの点を引っ張り出し、それ以外を捨てるという編集作業を経て、物事を認識しています。集中と選択の過程を経ているので、頭の中で認識しているものは、最初にあった事物からは離れてしまいます。つまり、思考するという行為は、対象とする事物から離れていってしまうことを余儀なくされるのです。

対象が同じであっても認識は異なることはいくらでもありますし、認識が固定化してしまうと、違う認識を持っている人との衝突が起きやすくなります。たとえば、2015年10月に渋谷のトルコ大使館前で数十人のトルコ人とクルド人が乱闘をしましたが、この人たちが日本国内でアクセスできる情報はインターネットや活字メディアであって、双方に大きく変わらないと思います。その情報を取捨選択して——ヘーゲルが書いているように、経験を積んでいくうちに、だんだんと考え方が固定化されてきてしまいます。そうなると、考え方の違う相手はずっと敵のままであって、自分たちと相いれることは決してない、相手にやられる前に先にやってしまったほうがいい、というような考えになるまでは時間の問題です。ですから、繰り返し述べていますが、対立している問題を理解するためには、当事者にとって（für es）と学理的反省者にとって（für uns）を往復する見方が必要になってくるし、決して自分の考えに固執するのではなく、意見が異なる他者との弁証法的対話を行っていかなければいけません。自分の考えを絶対的なものとみなす普遍主義的な態度になってしまっては、衝突があるだけです。

## 学に至る道そのものが学である

次のヘーゲルの言葉が、『精神現象学』の核となる部分です。

> 経験の経過を以上のようにのべたが、そこには、普通経験という言葉で理解されているのとは、一致しないように思われる一つの契機がある。初めの対象およびその知から別の対象に至る移行、この移行において、経験が行われていると言われるが、この移行は、初めの対象についての知、つまり初めの自体の「意識にとって」が、第二の対象そのものになるのだという形で、示された。これに対し、普通は、われわれが初めの概念の不真理を、偶然に、外的に、見つけられるそれとは別のある対象において経験するというふうに、したがって、もともとは、それ自体真に（即且対自的に）在るものの純粋な把握だけが、われわれのなかに生ずるというふうに、考えられている。だが前にのべた見解では、新しい対象は、意識自身が向きをかえることによって生じたのだということを示している。事柄をこのように考察するのは

われわれの付け加えである。この付け加えによって、意識の数多くの経験が、学的行程に高まるのではあるが、この付け加えは、われわれの考察する意識には自覚的〔対自的〕にはなっていない。いまのべたことは、すでに前にこの叙述と懐疑論との関係に関連して、語った状態と同じである。つまり、真ならぬ知において生ずるその度毎《ごと》の結果は、空しい無のなかに落ちこんで行くはずのものではなく、当然、そのものの結果が無であるところのものの無として捉えられねばならないのである。この結果は、先行する知が真に対して自分でもっていたものを、含んでいるのである。このことは、ここでは次のように現われる。つまり、初め対象と思われたものは、意識にとってはこの対象についての知になり下っており、自体は自体の意識に－とっての－有となるので、この後の自体が新しい対象である。この新しい対象とともに、意識の新しい形態も現われており、この新しい形態にとっては、先行する形態とは別のものが実在なのである。このような事情は、意識の全系列をその必然的な姿において導くものである。この必然性そのもの、つまり新しい対象の生成こそは、意識自身にとって、何が起っているのかを知らないままで、意識に現われてくるものであるから、われわれにとっては、いわば意識の背後で起っているようなものである。このために、意識の運動のなかには、自体存在〔自体存在は、当の意識にはまりこんでいて、対自的になっていない意識にとっては、それがそうであることがわからない。当の意識にとってはむしろ隠れていたり、本来在るべき姿であったりする。あるいは真だと思いこんでいるような姿をいう〕、もしくはわれわれ〔「われわれ」は著者、哲学者をさす、当の意識のなかにはまりこんでいる意識にはわからないが、それを見ている哲学者にはわかるという意味で使われる〕にとっての存在という契機が、入りこんでくる。が、この契機は、経験そのもののなかでとりこにされている意識には、現われない。だが、われわれに対し生成してくるものの内容は、意識にとってのものである。そこでわれわれは、この内容の形式的なもの、つまり、その純粋の生成を概念把握〔理解〕するだけである。意識にとっては、このようにして生成したものは、対象として在るにすぎないが、われわれにとっては、同時に運動として生成として、在るのである。

このような必然性によって、学に至る道そのものはすでに学である。しかも、その内容から言って意識の経験の学である。

意識が自らについて行う経験は、その概念から見て、意識の全体系、言いかえれば、精神の真理の全領域と同じものを、自らのなかに含んでいる。そこでこの真理の諸々の契機は、それ特有の規定態において現われる。すなわち、抽象的で純粋な契機であるのではなく、諸々の契機が意識にとってある通りに、もしくは、意識自身がそれらの契機に対する関係のうちで現われる通りの、規定態において現われる。このため、全体の諸々の契機は意識の諸々の形態なのである。意識は、自らの真なる現存に向って進んで行くとき、ある点に到達するであろう。この点に達したとき、意識にとってあり、他者としてあるにすぎないような、見知らぬものにつきまとわれていたその外観は、はらい落される。言いかえると、現象と実在〔本質〕が等しくなるに至って、意識の叙述は、精神の本来の学というまさにこの点と一致するのである。そして最後に、意識自身が自らの実在〔本質〕を把握するとき、意識は絶対知そのものの本性を示すことになるであろう。

---

物事を知った、わかったと我々が思っていること——試験問題を解いたり、会社の仕事をやったりというのは、静止像になります。英語ではbeing、ドイツ語ではSeinですが、時間や能力、知識といった様々な制約のなかで出てきている暫定的な結果にすぎません。それだから、いまの時点で出ている静止像であっても、体系知になるのです。

しかし、いまの知識や能力で最高のものを出したとしても、時間が経ったり、新しい知識を得たりすれば変わっていきます。知そのものに、変化して発展していく内在性があるからです。それだから学知、体系知はbeingではなくて、becomingの性質のものです。ドイツ語ならばWerdenです。この、つねに運動していて変化していく「生成」という概念が、ヘーゲルを理解するときに鍵となる言葉になります。

我々の勉強は、ヘーゲル的に言えば、生成の過程にあって永遠に終わりません。「わかった」「できた」と思っていること自体は体系知で整合性がとれていますが、当然のことながら状況は変わり新しい知見が出てくるので、またやり直しをして、結論を出さなければなりません。このやり直しは延々と続いていくけれど、いまの自分の能力に応じた体系知というのは、誰でも構築することができます。だから「勉強に終わりがないんだ」とがっくりきているような人には、「このような必然性によって、学に至る道そのものはすでに学である。しかも、その内容から言って意識の経験の学である」というヘーゲルの言葉を励みにしてください。この言葉は、『精神現象学』のぐねぐねとヘーゲルが考えている過程そのものが当てはまります。

これまで説明したように、知それ自体は、独断論から始まります。虚心坦懐に物事を見ていくけれど、それには偏見があるということを我々は知っています。だからモノの見方自体を吟味しなければならず、そこから、体系的にモノを見るという知恵が付きます。しかしその知恵が付いたとしても、他者には、その体系では違うものが見えるかもしれません。このことがわかっていれば、自己絶対化の誘惑には陥りません。なおかつ時間の経緯とともに変化していく可能性があるし、他者との弁証法的なやり取りを経て発展もしていきます。

こういうような知に対する気構えが、私たち一人ひとりに求められています。物事の断片の知識を詰め込むことやドリルを機械的に処理していくことは、体系知とは何の関係もありません。体系知にいたる道そのものが体系知であって、総合的に連関させて物事を理解していかなければいけないのですが、これを行っていくには、究極的には自分自身の生が入った主体的な状態でなければいけません。

この点において、ヘーゲルでは倫理学と哲学は分かれません。それだから自分の生き方も知識に含まれていきます。その意味において意識の経験の体系知なのだという言い方をしているのです。

# 第6章

# 知を実践する

## 社会生活の悩みにヘーゲルを生かす

ヘーゲル哲学の力を借りれば、表面上対立していることや矛盾していることにも共通する何かがあるという理屈を打ち立てることができるので、社会生活での悩みを抱えている人は、ヘーゲルを読むことで処方箋を出すことができます。このヘーゲルのものの見方をより理解していくために、キーとなる考え方についてさらに考察していきましょう。ヘーゲルの著作は特殊な用語があるためわかりづらいのですが、この用語自体にヘーゲルの考え方がよく表われています。

## 具体例を出す訓練

まず、「境位《きょうい》」という用語があります。「要素」「場」と訳すこともありますが、あることをやる場合に不可欠なもの、という意味です。ドイツ語は「Element」なので、いまの我々には原語のほうがわかりやすい。何事かが成り立つには、必ず、それを成り立たせる要素があります。たとえば魚にとっては、水が境位です。我々が何か行動をする、存在をする時に不可欠なものを、ヘーゲルは「Element」としたのです。『ヘーゲル事典』の定義を見てみましょう。

---

境地、場、場面などとも訳される。元来は、ある系の一項である文字ないし音を意味したが、やがて「基礎」一般を意味するに至る。アリストテレスは『形而上学』において、「あるものがそれに基づいて合成され、その種類からして、それとは別に種別化される諸部分には分解不可能な第一の構成要素」と定義し、おと、根本素材（例えば、地、水、火、空気の四元素）、証明の基礎、至高の普遍概念という四つの意義を区別している。

ヘーゲルもこの概念を、前ふたつの自然学的な意味で用いる〔『大論理学』5.138：『エンツュクロペディー（第3版）自然哲学』281節9.133f.、328節9.295f.〕一方、後ふたつの意味で、精神哲学的な独自の変容を加えて用いる場合が多い。「意識の経験の学」である『精神現象学』によれば、意識→自己意識→理性→精神→宗教→絶対知という、「真の知にまで進んでいく自然的意識」が辿る経験の道程のそのつどの「宿駅」が、その意識にとっての「境位」と捉えられる〔3.72〕。

---

エレメントは、アリストテレスがいう第一質料と同じです。

こういった難しい用語を身に付けるには、具体例をあげる訓練をしていくのがお勧めです。私が以前ヘーゲルの講義をやった際によせられた解答を例に、境位とは何かを見ていきましょう。

まず、満点の解答からです。

> 生命体にとって地球は境位である。

地球がなければ我々生命体も存在できませんから、生命体にとって地球は境位なのです。

次は、境位の意味を正しくとらえていない解答です。

車の運転には免許証が境位である。

無免許運転という現象があるので、免許証は絶対不可欠ではありません。似たような解答で「インド人にとってカレーは境位である」というものもありましたが、カレーを食べないインド人もいるから境位には当たりません。「絶対不可欠」のものであることをおさえていないと、こういう例を出してしまいます。

表紙、背表紙、小口は本の境位である。

表紙、背表紙、小口というのは、本を分節化したときに出てくる概念なので、境位とは違います。本の境位は、文字、絵、写真というコンテンツになります。

『商品価値』の境位は、『労働時間』である。

これはトートロジー（同語反復）になってしまっています。労働力商品化のもとでは「労働時間」も「商品価値」を決めるわけですから。だから「商品価値」の境位をあげるなら「労働力」となるでしょう。

ただ、これもトートロジーになってしまいます。どこかに労働力というものがあってそれを商品化するわけではなく、労働力という概念は、商品になるということによって生まれます。マルクスも宇野弘蔵も、資本主義社会は労働力の商品化によって成り立つと言っていますが、労働力が商品化されている社会というのは資本主義の社会であって、それ以外の社会ではなされていません。これ以上説明できない事柄になってしまうので、いちばん重要なことは全てトートロジーになってしまいます。

## ▼ 哲学用語とドイツ語

ヘーゲル用語には、「定在《ていざい》（定有）」という言葉もあります。日本語では何のことかよくわかりませんが、ドイツ語では「Dasein」という単語になります。存在することという意味なんですが、抽象的な「ある」ではなく、具体的な「いま、ここにある」を指します。ドイツ人にとっては「Dasein」は日常用語だから皮膚感覚でわかります。「悟性Verstand」という単語も、「理解するVerstehen」からきてることがすぐにわかります。これは、ライプニッツの弟子だったヴォルフが、ドイツに哲学を広めようと、ラテン語を日常語に翻訳していったからなのです。

というのも、当時のドイツは後進国で、ラテン語を読めない人がほとんどでした。貴族の奥さんたちは暇でお金もあったので、学者を呼んで世の中のことを説明してもらっていました。だから難しい事柄を日常語で説明できるように工夫をして、スポンサーである女性たちにおもしろおかしく話をできるようになって、一人前の哲学者になれたのです。

ドイツは古代ギリシャの哲学の伝統をふまえたうえで独自の哲学体系を生み出すことに成功したので、ドイツ語の知識があれば、哲学書を読むときにも概念がわかりやすく頭に入りやすくなります。その意味で、ドイツ語は学問的なコストパフォーマンスがいい言語です。

ドイツ語を習得するには、少し古いですが、『大学ドイツ語講座 全6巻』（郁文堂出版）がおすすめです。1巻、2巻は基本文法、3巻は文科系、4巻は理科系、5巻は医科系、6巻は日常生活についてという構成になっており、ドイツ語を中心に勉強するという旧制高校時代の伝統が残っています。新しいものでは、『独文解釈の秘訣 全2巻』（郁文堂、2000年）がいいでしょう。ドイツ語の大学入試の問題を収録しているので、これが読めればドイツ語のたいていの本は読みこなせます。いまの日本はドイツ語をやる人が減り、中国語や韓国語が主流になっていますが、実用的な知を優先していることがよく表われていると思います。

## 弁証法に終わりはない

5章で弁証法をとりあげましたが、重要な概念なので、もう少し詳しく見ていきましょう。

弁証法とは、基本的には対話をベースとして真理を得ていく方法です。矛盾や対立、否定といったものを、対話で乗り越えていくのです。もともとは、相手の主張を論駁《ろんばく》するためのものだったのを、ソクラテス、プラトンが対話をとおして真理を探究していく生産的なやり方として使い始めました。

弁証法を『日本国語大辞典』で引くと、

ヘーゲル哲学では、形式論理学よりも積極的・具体的なものと解され、正・反・合の段階を経ることによって矛盾を止揚して高次の認識に至るべき思考形式とされた。

とあります。「正・反・合」とは正しいものと反対するものがあって結論が出てくるという見方ですが、これはスターリンが『ソ連共産党（ボリシェビキ）歴史小教程』に書いた弁証法的唯物論と史的唯物論の考え方になります。この考え方は機械論的であって、弁証法的な考え方ではないとかなり前から言われているのにもかかわらず、辞典には未だに残滓《ざんし》があります。「弁証法＝正反合」ととらえてしまうと、弁証法が固定した動かないものに見えてしまいます。

対話に終わりがないように、弁証法にも終わりはありません。「こうなっているのではないか」と自分の意見を述べたら、他人の意見にも虚心坦懐に耳を傾けて、考え、反省したうえで、再度自分なりの結論を出す。その結論に対して、また質問されて、「こうではないですか」と答えていく。たとえば、階段をのぼっていき、途中で踊り場があるとすれば、最初の踊り場が正、階段をのぼっていくプロセスが反、次に出てくる踊り場が合になります。そして、ここで終わりではなく、合がまたスタートの正になって……とずっと続いていくのです。

弁証法の使われ方をみてきても、このプロセスがあてはまります。ソクラテス、プラトンの弁証法に対しアリストテレスは違う使い方を唱え、カントは新しい機能を与え、フィヒテは……というように、弁証法も生成のなかにあります。だから様々な立場の考え方があり、弁証法を社会に適用して資本主義の分析を行ったのがマルクス、自然にも適用できると考えたのがエンゲルスやレーニンです。

人間と自然の関係において、あるいは自然自体において弁証法が展開できると考えるか、あるいは人文科学、社会科学においてのみ適用できると考えるかで、弁証法の考え方は分かれてきます。最終的には立場設定の問題になるので、結論はありません。

唯物論的な方向にいくと、自然弁証法を重視するようになります。しかし、これは、量子力学、相対性理論が出てきたあとには、機械論的なものの見方だとして排斥される傾向が強くなってきました。そのなかで、自然弁証法をなんとか生かそうと努力したのが廣松渉さんの試みです。私は人間が何らかの形で関与するところでしか、弁証法的な働きはないのではないかと思っています。だから、人間と自然の関係を、認識主体と認識作用と認識対象という、人間の認識構造の問題だととらえています。もちろん、弁証法は成り立たないと考える人もいます。フラットな立場がいくつもあるだけで、意見が融和することはない、という立場です。弁証法は独断論からスタートせざるをえないので、どうしてそう思うのかという説明ができません。説明しようとすると、そもそもの土俵をどう設定すればよいかという問題が出てきてしまいます。そこで共同主観性を出して説明しようとしたり、哲学的に面倒な問題をはらんできます。こういった些末なところに入っても、我々が生きていくうえでは役に立たないので、これくらいにしておきます。

## 形而上学のとらえ方

弁証法的な考え方をしていくうえで一番問題になるのは、矛盾律が成り立つかどうかです。弁証法の考え方では、常に生成して変転していくから、「ある」がbeingではなく、「なる」の意味をもつbecomingになります。AもBもつねに変わっていくところで、矛盾は成り立つのかどうかという問題です。

形式論理学では、矛盾を「AはBである」という肯定と「AはBでない」という否定が同時に成り立つことと説明しますが、問題は「同時に」というところです。「AはBである」と言ってから「AはBでない」と言う間に、ほんの少しだけど時間の差が生まれています。頭の中であることを考えて、その次のことを考えるときにも、0・01秒以下の世界かもしれないけれど、時間が経過しています。この場合も「同じ」と言えるでしょうか？　だいたい同じだから「同じ」とする考え方もあるけれど、0・011秒と0・02秒の違いは？　1秒との違いは？　と考えていったときには、どうすればよいでしょうか。アウグスティヌスは、「時間とは、時間とは何かを問われないときは、わかっている。しかし、ひとたび時間を問われると、何のことかわからなくなる」と言っていますが、時間の経過や差異がどういう影響を及ぼすかということについて、我々は実はよくわかっていません。大した違いはないから矛盾は成立すると考えるのか、矛盾は時間や気温や空間の影響を受けない、現実にはない形而上学の世界でしか存在しないと考えるかどうかで、立場がわかれます。

たとえば実験も、同じ環境で実験を繰り返したといっても、気圧も違うし時間も経過しているので、完全に同じ環境を再現するのは頭の中でしかできません。だから、STAP細胞も、すべての実験を通じたとしても、「ない」という不在証明をするのは難しいのです。実在という言葉は、形而上界を含むのか含まないかで変わってきます。

形而上学から完全に逃れることができるかどうかは非常に難しい問題です。「愛、信頼、希望、誠意は実在しますか?」と聞かれたら、どう答えますか?「100万円を出すのが愛です」と言うのも違うし、「100万より150万を出すほうが愛がある」と言うのも違うでしょう。どうやって証明すればよいかわからないけれど、でも愛も希望も信頼もなんとなくある感じがするならば、やはり、あなたのなかにも形而上学があるのです。以前、立花隆さんと対談した際に(『ぼくらの頭脳の鍛え方』、文春新書、2009年)、彼は実証できるものしか信用できない、形而上学を一切認めないと言っていました。立花さんは臨死の研究をしていますが、「臨死体験」を論理化するのはかなり難しい問題だと思うので、立花さんのなかにも形而上学はあると私は思っています。最終的にはこれも立場設定の問題になってしまいますが、形而上学がまったくないという人間はいないと私は思います。

## 「矛盾」「対立」「差異」の違い

ちなみに、訳語として、矛盾はあまり適切とは言えません。どんな盾も突き破る矛とどんな矛にも突きぬかれない盾があって、その矛で盾を突くとどうなるかという中国の故事が語源ですが、実際に突いてみればいいのです。突き抜けなかったら、矛の主張が間違いで、突き抜くことができれば、盾の主張が間違っていることになります。ヘーゲルの考えでは、これは矛盾ではなく、「対立」です。対立は、一方が他方を圧倒することによって解決可能になります。

マルクスの例に即して考えてみましょう。資本主義システムでは、労働者を搾取しないと資本家は生き残っていくことができないので、労働者への賃金を払う以上に利益を追求します。資本の自己増殖が大前提なので、金儲けを否定できません。こういう構造を変えることを、無政府主義者や社会主義者は考えました。搾取する者もいなければ、搾取される者もいない、すなわち人間が協働して働き合うシステムを作るのです。協同組合や宗教団体はそういったシステムで、人間と人間の関係を変えているので、そこにおいては資本主義的な階級関係は解消されています。ただ資本主義社会ではごく一部しか占めていないので、競争すると絶対に負けてしまいます。こういうように、物のありようや関係を変えることによって問題を解決できるのが、矛盾です。ヘーゲルの考え方では、対立と矛盾を、弁証法で乗り越えていくことになります。

絶対に解消できないものは、「差異」です。身長の高さが違う、肌の色が違う、といったものは解消できないので、差異については、ヘーゲルは個人の趣味としてとらえます。

なにか相手と意見を異にした場合、自分には「対立」に見えているものが、相手には「矛盾」に見えているかもしれず、どのポイントでズレているのかを弁証法的に発展させて明らかにしていくことで、何らかの合意点が得られるかもしれません。援用することで、物事を解決していくヒントが得られます。

では、もし、相手との間に「差異」があったらどうすればよいのでしょうか。これは解決すべき事柄なのでしょうか。これまで私が述べてきたことからもわかるかもしれませんが、結論をいうと、「差異」があるのは当然のことなのです。差異があるからこそ、多様性が生まれます。他者との「差異」を許容できてこそ、真の知識人たることができるのです。

## 要約と敷衍の訓練

弁証法的な訓練をしていくうえで重要になるのが、敷衍《ふえん》というやり方です。物事をサマライズする要約の逆で、意味を広げていき、例などを挙げて説明することです。

敷衍するには、かならず、どの部分が重要かを見極める要約の訓練が必要になります。要約と敷衍は本来セットですが、私たちは要約には慣れていても、敷衍にはなじみがありません。

この要約と敷衍が上手なのが、池上彰さんです。学術的な用語や難しい世界情勢を、一般に理解できる説明をするので、池上さんのテレビの視聴率は高いし、本も売れるのです。こういう技術を身に付けておけば、会社や学校であの人の話はおもしろい、わかりやすいと言われるようになります。どうやって身に付ければよいかというと、要約したものを見て、もとを復元していけばいいのです。たとえば、誰かの講演に行ったときに「サイクス・ピコ協定」という単語だけが出たときには、メモを取って、あとから自分で「１９１６年にイギリス、フランス、ロシアでオスマン帝国の専管的な支配を約した秘密協定」ということを加えていくのです。

弁証法は、自分のなかで対話をしていくので、そこで要約することもあれば敷衍していくこともあります。変幻自在に物事を動かし、生成していくので、自分と相容れない意見の人が相手でも、途中で反論したりはせずに、どういう理屈なのかをとらえて、わからないところがあったときは、話者に質問をするのです。相手が何を言っているかを理解するための質問だから、「ここがわかりづらいですが、こういう意味でしょうか」「具体例は〜でしょうか」というように、迎合的な質問をするのです。

あえて、「迎合的」という言葉を使いましたが、マックス・ウェーヴァーは『職業としての学問』のなかで、大学は知を伝達する場所であるから、学生たちは自分の意見を言うのではなく、迎合的な質問をするべきだと言っています。サンデル教授の白熱教室型は、基本的な知識の共有がなされている相手ならいいですが、哲学的訓練や思想的訓練を受けていない学生が相手の場合は意味がありません。金沢大学の仲正昌樹さんは、ドイツのフランクフルト学派やハンナ・アーレントについての基本講義を本にまとめていますが、学生は迎合的な質問しかしていません。まず、仲正さんの解釈にもとづいて、フッサールやアーレントを理解する。その後に、フッサールやアーレントの考えていることは違うのではないかということを指摘して、別の見方を提示して、意見を聞いていくのです。イギリスの哲学者カール・ポパーは、これを反証主義的な手続きと言いました。反証して、それに対して再反論して、というように批判的な論点をふまえたうえで、自分なりにこの問題についての結論を出すのが、正反合の「合」のプロセスなのです。しかしその合のプロセスも過程のなかにあるので、また新しい疑念が生まれてきます。これが、『精神現象学』の弁証法です。別の言い方で考えてみると、これはカントの二律背反――「こうあらねばならない」という絶対的な理念があって、それは到達しようと思っても永遠に届かない、しかしそれを目指して努力していくことで現実との緊張は常にあるという構成と近いのかもしれません。終わることなき弁証法というのが、『精神現象学』にはあります。そこを、読者のみなさんには、いちばんつかんでいただきたいと思います。

## 危機の時代における弁証法

神学には、弁証法神学と呼ばれるものがあります。神と人間との間には無限の質的な差異があり、人間に神を理解することはできないことをスタート地点に、それでも神学は神について語る「不可能な可能性」を追求しなければなりません。このように、「不可能な可能性」や「罪と救い」といった対立概念が用いられたので、弁証法神学と呼ばれているのですが、中心人物であったカール・バルトはヘーゲルからの影響を受けています。

バルトの『ローマ書講解』を読むと、近代の危機がどういうものかよくわかります。バルトはスイスの田舎で自由主義神学の研究をやる若手の牧師でした。第一次世界大戦が始まって、当時の帝国アカデミーの会長で有名な神学者だったアドルフ・フォン・ハルナックが起草した「知識人宣言」を読み、バルトは大変なショックを受けます。「知識人宣言」とは、ドイツ帝国としてやむをえない防衛戦争だから、知識人はこの戦争を支持しなければならないという内容で、それまで尊敬していた神学者がヨーロッパを破滅にもたらす戦争を平気で支持する行為とはどういうものなのか、人間の根源には何があるのかということを探求するために、バルトはパウロの書簡『ローマ人の手紙』を読み始めるのです。

当時は、聖書研究によってオリジナルのキリスト教を追究する近代主義的なやり方が主流でした。バルトは、こういう人間の理性、知恵が、大量殺戮と大量破壊をもたらしたのではないかと直観して、人間が神様についてあれこれ言っていることではなく、神様が人間について言っていることを把握しなければならない、ということにたどり着きます。そして「上」にいる神というナンセンスなことを言い始めるのです。これは形而上学的な「上」ではなくて、コペルニクス的転回を経た「上」なので、意味が二重三重にねじれているのですが、バルトの論理を読み取れると、いまの「イスラム国」の内在的論理やナショナリズムの限界がよくわかります。

絶対的な神の栄光にただひたすら仕えるというバルトの思考はカルバン派の姿勢に通じるのですが、「イスラム国」と紙一重の考え方でもあります。私はカルバン派の刷り込みが非常に強いので、「イスラム国」の内在論理が皮膚感覚でわかります。鈴木宗男事件で捕まって獄中にいても、自分が間違えていると思ってないから、なぜこういう試練を与えられたのか、この試練を克服し、神様の栄光のために仕事をしなければならないという考え方になるのです。外務省で北方領土返還交渉をしていたときも、神の栄光に仕えるために、という考えが根本にあったので相当に無理をしました。ただ、キリスト教には原罪観があるので、神の栄光であると本人は思っていても、人間のしていることだから、必ず正しいとは言い切れないという自覚があります。これに対して、イスラム教には原罪観がありません。

カルバン派的な思考、バルト神学をおさえておくと、「イスラム国」がなぜあのような動きをするのか、理解不能に見える思想でも、その構造がわかります。

## 人権と神権の対立

もし「イスラム国」に教義学をきちんとおさめている人間がいるとするならば、弁証法的に対話をしていくことで、「イスラム国」と近づくことができるかもしれません。我々にとって、絶対に正しいものがあり、自分はそれに殉ずる用意があるけれど、他人にとってはまた別の絶対に正しいものがあり、どちらが正しいかはわからないという理解は、ヘーゲル的なモノの見方であると同時に教養学を真剣に学べば出てくるものだからです。

ただ、「イスラム国」は「原因」ではなく、「結果」です。だからイスラム国を除去しても、また別の運動が出てきてしまうと私は見ています。アメリカと日本の論壇は、サイクス・ピコ協定によって作られた国の仕分けが機能不全に陥っていることが原因だと論じていますが、トルコやイランは協定の影響でいまの国のかたちになったわけではないので、サイクス・ピコ協定だけでは説明しきれません。

私は、アラブ人は神権政治なので、自己統治能力がないという作業仮説を立てています。思想の世界では、人権の対立語は神権です。主権を持つ絶対的な神を地上にひきずりおろしてしまったから、いまは人間が絶対的な権限を持ち、王なり、人間が組み立てた制度なりが主権を持っているのです。人権的な思想には、自己決定や自治の概念があります。これが近代のヨーロッパで出てきて、ヨーロッパ諸国が帝国主義的な進出をしていく過程で普及していったのですが、アラブ諸国は部族の結束が強かったこと、ほとんどが砂漠だったことが幸いして、ヨーロッパ諸国の支配下にあった時期でも帝国主義的な思想の浸透を許しませんでした。だからアラブ諸国は自分たちの価値観を維持しており、神権によって動いています。国家は中心部だけあればよいと考えているので、神権に選ばれたカリフと、10人ぐらいの諮問機関があれば、国家の統治はできると考えています。この国家観は、ネーション＝ステートの体制や人権の思想、人間が自己統治をするという欧米諸国の主流派の考えとは決定的に違うので、対立してしまいます。ですから中東アラブ地域に新しい秩序ができない限り、「イスラム国」みたいに神権統治によって世界をおさめようという試みが出てくるでしょう。

## 歴史に終わりはあるのか？

『精神現象学』自体は、本来の弁証法が持っていた力動感、ダイナミズムが失われてしまう結論になっています。意識は、日常的な感覚から絶対精神へと至るまでを経験していき、その絶対精神は歴史となって現れ、現実には国家として現れるというかたちで終わっています。国家とは、当時のプロイセン国家のことなので、プロイセン国家が最高の完成体であり、そこで歴史は終わるという構成になってしまったんです。

ヘーゲルは2人以上の人のつながりを「人倫」という言葉で説明したと前に述べましたが、『歴史哲学』では、人倫を弁証法的に考えていきつく最高形態が国家であるとも言っています。なぜかというと、共同体の最小単位である家族は愛情を基盤にしているけれど、個人の独立性が阻害されていて自由がない、対して市民社会は自由意思で個々人が結びついているけれど、家族のような愛情はないし、自由意思が衝突を起こすこともある。だからこそ、愛情と自由意思を保障する「人倫」の最高形態として国家が現れるという解決策を出したのです。

人倫と国家には断絶があります。そこをおさえずに、家族的なモデルの延長で共同体の再建をするという組み立てをすると、ソフトファシズムになってしまいます。たとえば、少子化対策の観点から「福井モデル」が近年注目されていますが、親子三世代で同居して、お父さんとお母さんは共働きで、おばあちゃんが家事労働と子どもの世話をして、減税が適応されて出生率も高くなって、みんなハッピーでめでたしめでたし、となるのかどうか。幸せは人それぞれなので、都会で一人暮らしをしたり、夫婦二人で猫を飼って暮らしたりというのも十分幸せだと思いますが、人倫と国家が結びつくと、個人の生き方に圧力をかけてくるようになります。国の政策に人倫がとりこまれることに対して、我々は注意をしなければいけません。

ヘーゲルが人倫と国家を結びつけてしまったのは、ヘーゲル個人の問題というよりも、ヘーゲルが所属していたベルリン大学全体の問題でもあります。当時神学部教授から学長になっていたシュライエルマッハーも、神学とはひとつの実証的な学だから、プロイセンの国教会の学問でありプロイセン国家を支持するのだということを言っています。リベラルなシュライエルマッハーですらそんなことを言うのですから、周囲の国と比べても当時のプロイセン国家は理想的だったんでしょう。

フランシス・フクヤマの『歴史の終わり』も、絶対精神が成立した後のことを論じています。対立していたソ連がなくなるということは、対《つい》であったアメリカも終焉を迎えるということでもあるので、生き残るためには市場原理の観点からアメリカの一極支配になると論じたのです。ですが、そう簡単に歴史は終わりません。

歴史が終わるというのは、外部性が失われてしまうということでもあります。外部性があれば、プロイセン国家型システムは世界を統一するものではなく、世界に広がっていくものであるという発想になります。ヘーゲルがそうならなかったのは、人格神を信じていなかったからかもしれません。スピノザのように我々の自然においては人知を超える力があり、地球や宇宙の総和を神と名付けるという汎神論の立場なので、これはユダヤ・キリスト教の人格神とは違います。

キリスト教は、中世にアリストテレスのギリシャ古典哲学と結婚して、一神教の絶対的で恣意的な神様に、理屈で説明していく形而上学的な要素が加わってしまったので、どちらかが強く出るとブレてしまいます。いまのキリスト教にもその両方があるので、カルバン的なものにもヘーゲル的なものにも、私は惹かれます。バルトはこの二つを天才的な――バルト自身は、人間の内部からは天才といわれるような超越的な力は出てこない、外部からくる使徒的な力だと言うのですが――使徒的なやり方で解き明かしました。論理で証明できないことについては、神の意志という言い方で説明することもありますが、現代の我々は「歴史的」という言葉を使うのが一般的です。「歴史は繰り返す」という言葉があります。マルクスは『ルイ・ボナパルトのブリュメール18日』で、「ヘーゲルはどこかで言った。歴史は繰り返す。しかし、そこでヘーゲルはひとこと付け加えるのを忘れていた。一度目は悲劇として、二度目は喜劇として」と言っていますが、ヘーゲル自身は「歴史は繰り返す」とは言っていません。おそらくヘーゲルのどこかのテキストを読んで、マルクスのなかで変形して憶えていたのでしょうが、ヘーゲルは歴史は繰り返さないと思っているのです。

歴史は繰り返さないけれど、類似した構造はあります。ロシア革命を起こしたレーニンは無意識のうちにフランス革命を意識していました。というのも、ロシア革命は西暦では11月、ロシア暦では10月なので十月革命ともいい、これはフランス革命ではジャコバンに対応するし、ケレンスキーたちの二月革命はジロンドに対応するからです。その後、フランスではジャコバンとジロンドが倒れてナポレオンが出てきますが、ナポレオンに対応するのはロシアではスターリンです。こういった歴史の刷り込みも思考の鋳型になるので、人間の認識様式ともかかわっているかもしれません。その意味では、鋳型は過去にあるかもしれないし、いま起きていることが鋳型になることもありえるのです。

## キリスト教圏と日本の歴史観

ただ、キリスト教の歴史観は、終わりが前提になっているので、時間概念の刷り込みが日本人とは違います。終わりとは、イエス・キリストが復活し、最後の審判が行われることで、そこで救済がなされます。終わりとは目的であり完成でもあるので、スタートよりも重要になります。これは直線の歴史観なので、輪廻転生の円の歴史観が刷り込みにある日本人は皮膚感覚として理解できません。

キリスト教型の歴史観では、目標である将来の到達点から現在の物事を見るので、目標に到達するにはどういうことを行えばよいのかという発想がしやすくなります。受験勉強や仕事で一定の成功をおさめていくには、キリスト教型の目的論構成でやるほうが効果が上がります。ポストモダン以降は目的論を廃していく見方が流行りですが、こちらは日本人の地の考え方に近いのでなじみやすいでしょう。

## 歴史認識とは何か

これまでに触れましたが、ポストモダンの考え方に立つと、歴史は権力を持った強者が作るものであり、真実の歴史はないという見方になってしまいます。しかし、歴史をめぐってはしばしば国同士で認識が対立し、国民感情も悪くなるという事態を引き起こします。

「自虐史観だ」「いつまで謝ればいいんだ」というような声を最近多く耳にするようになりましたが、歴史認識は学理的反省者の立場から見たものでなければなりません。国際社会における現代の日本は、第二次世界大戦の敗戦からスタートしています。その意味では、戦後日本は敗戦からスタートせざるをえず、戦時中の行為に対しては謝罪するところからスタートするしかないのです。

我が国は現在どのような歴史認識を持っているのでしょうか。戦後70年を迎えた2015年に安倍首相が出した談話から、第二次世界大戦に至るまでを抜き出してみましょう。

世界を巻き込んだ第一次世界大戦を経て、民族自決の動きが広がり、それまでの植民地化にブレーキがかかりました。この戦争は、一千万人もの戦死者を出す、悲惨な戦争でありました。人々は「平和」を強く願い、国際連盟を創設し、不戦条約を生み出しました。戦争自体を違法化する、新たな国際社会の潮流が生まれました。
当初は、日本も足並みを揃えました。しかし、世界恐慌が発生し、欧米諸国が、植民地経済を巻き込んだ、経済のブロック化を進めると、日本経済は大きな打撃を受けました。その中で日本は、孤立感を深め、外交的、経済的な行き詰まりを、力の行使によって解決しようと試みました。国内の政治システムは、その歯止めたりえなかった。こうして、日本は、世界の大勢を見失っていきました。
満州事変、そして国際連盟からの脱退。日本は、次第に、国際社会が壮絶な犠牲の上に築こうとした「新しい国際秩序」への「挑戦者」となっていった。進むべき針路を誤り、戦争への道を進んで行きました。

実はこの安倍談話は、戦後50周年時の村山談話よりリベラルな内容になっています。

村山談話は「遠くない過去の一時期、国策を誤り」と時期は明示していないのに対し、安倍談話は「満州事変、そして国際連盟からの脱退。日本は、次第に、国際社会が壮絶な犠牲の上に築こうとした「新しい国際秩序」への「挑戦者」となっていった」と、はっきり満州事変以降が誤りだと分節化しています。安倍首相はおじいさんの岸信介氏を尊敬していますが、岸氏は満州国の運営にも携わっていたので、おじいさんも間違っていたということになります。

そして、その前段では、このように述べられています。

---

百年以上前の世界には、西洋諸国を中心とした国々の広大な植民地が、広がっていました。圧倒的な技術優位を背景に、植民地支配の波は、十九世紀、アジアにも押し寄せました。その危機感が、日本にとって、近代化の原動力となったことは、間違いありません。アジアで最初に立憲政治を打ち立て、独立を守り抜きました。日露戦争は、植民地支配のもとにあった、多くのアジアやアフリカの人々を勇気づけました。

日露戦争は、大陸進出をもくろむ日本がロシアと対立した帝国主義の領土獲得戦争で、むしろ植民地化のための戦争です。「アジアやアフリカの人々を勇気づけた」とは当時植民地下にあったインドやエジプトを指しますが、直接的に日本と関わりのない地理的に遠い国々ではなく、主戦場にされた中国の人々がどう思ったのか。また、この日露戦争の勝利によって、日本は米英に韓国の保護国となることが認められ、のちの韓国併合につながります。談話は英語のほかに、中国語、韓国語に訳されますが、そのことからもわかるように、談話は中国と韓国に向けて出されるものであるにもかかわらず、その二国への配慮は感じられません。

また、この談話には主語がないことにも注目しなければなりません。日本語は主語がなくても成り立つ言語なので、日本人は違和感なく読んでしまいますが、英語は主語がないと成り立ちません。村山談話の主語は「I」ですが、安倍談話の主語は「We」になっています。

この談話の解釈について、3つの可能性が導き出されます。

1、安倍首相は歴史認識を勉強して、自分が完全に間違っていたと認めた。基本的歴史認識がコロコロ変わっていいのかという話者の信念の問題になります。

2、安倍首相は腹の中で考えていることと言っていることが違う。話者の誠実性の問題になります。

3、安倍首相は自分が何を言っているのかわからない。話者の知性の問題になります。

どれであれ、国際社会にこのような解釈ができるメッセージを送ってしまうのは、一国のトップとしてアウトなのです。

しかし、いまの日本の政治エリートにはこのような知に対するシニシズムと自己絶対化が蔓延しています。いわば日本国家のエリート全体が反知性主義に陥ってしまっているような状況であり、このまま暴走し続けていくと、国民の生命、身体、財産の安全をも脅かす事態になってしまうのではないかと危惧しています。

自分の所属する国がこのような状況であるときに、どうすればよいのか。私は、暴走する国家に対しては社会を強くしていくことでしか対抗できないと思っています。社会を構成する我々ひとりひとりが、本書で記したように着実に知を身に付け、使いこなしていかなくてはなりません。そのためにも、ぜひ、本書を活用してほしいと思います。

# あとがき

最近、とても素晴らしい本を読んだ。青木孝平氏(鈴鹿医療科学大学教授)の『「他者」の倫理学——レヴィナス、親鸞、そして宇野弘蔵を読む』(社会評論社、2016年9月)だ。サブタイトルに、レヴィナス、親鸞、宇野弘蔵と並記されているが、三題噺ではない。日本の傑出したマルクス経済学者宇野弘蔵の経済哲学を掘り下げた地点から東西の思想を「他者」という切り口で分析したユニークな総合知の書だ。本書で私が強調した円環をなす体系知を青木氏は体現している。青木氏はレヴィナスの「絶対他者」と親鸞の「絶対他力」が共通の地平の出来事であるととらえている。

親鸞に深く取り憑いた「悪としての自己」意識は、その能動性・主体性(自力)に対する徹底的な否定に帰着せざるをえない。こうした自己(自我)に対する否定を、ひたすら自己の内部で遂行しようとすれば、それはパラドクシカルにも、不毛で際限のない自我への固執とその止め処ない肥大化に帰結していく。このことは、現象学であれ仏教であれ、これまでのほとんどすべての独我論哲学が経験したアポリアであった。ここにおいてレヴィナスと同様に親鸞が行き着いた展望は、おそらくは、自己の主体性の否定すなわち受動化を根源にまで徹底するためには、外部の「他者」の絶対的な能動性(他力)を全面的に肯定する以外にすべはないという結論だったのであろう。

これが、レヴィナスのいう存在の無限の彼方における「絶対他者」であり、親鸞における浄土に住まう阿弥陀如来の「絶対他力」だったのではなかろうか。もしかするとレヴィナスと同じく親鸞も、こうした「他者」がひとつのフィクションであることに気づいていたのかもしれない。しかしながらこのフィクションは、「自我」の溶解のためにはどうしても避けて通れない不可欠で絶対的な前提であった。

この考え方は、神と人間の質的、絶対的な差異を強調した弁証法神学者のカール・バルトや、私がライフワークとして追いかけているチェコの神学者ヨゼフ・ルクル・フロマートカとも共通している。

青木氏は、宇野弘蔵が労働力の商品化を軸にマルクスの『資本論』を経済原論に再編したことの哲学的意義についてこう考えている。少し引用が長くなるが、青木氏の思考過程を正確に伝えるためなので、お許し願いたい。

およそ「人間」なるイデオロギーは、ア・プリオリに存在する本質ではありえない。それは「原始的蓄積」と呼ばれる特殊歴史的な過程によって、資本の「外部」においていわば偶然的で具体的につくられたものにほかならない。すなわち、資本主義に先行する共同体社会が、領主によるエンクロージャ(囲い込み)によって暴力的に解体されるという、一五〜一六世紀イギリスに特徴的な一連の歴史的事実をつうじて形成されたのである。それゆえ人間に内在するとされる「自我」なるものは何ら普遍性を有しない。それは、身分的拘束からも土地その他の生産手段からも解放された「二重の意味で自由な無産者」の幻想でしかない。このような、いっさいの他性をもたない負荷なき自我は、自己の超越論的意識のうちに世界を構成することもできなければ、自己の労働の表出によって商品を所有することもできないからである。

したがって人間は、資本の外部において、みずから労働力の販売者として登場する以外になす術はない。彼は、経済外的に形成された「原始的蓄積」という事実を消極的・受動的にではあれ受容し、「自己」を資本（他者）の能動的・積極的な自己増殖運動に組み入れることで、そのアイデンティティを確保するしかない。（中略）

　こうしていまや人間は、自己の労働力を資本に購買してもらい、資本の生産過程に編成されることによって、唯一、「他者」のもとでのみ商品を生産し世界を構成することが可能となる。この「労働力の売買」については、商品の価値形態から貨幣の価値尺度にいたる関係性がそのまま当てはまるであろう。人間の労働力も、それが商品であるかぎりは、貨幣という「他者」のイニシアティヴに依存しないかぎり、それを自力で販売できるわけではない。労働力の商品としての実現は、そのいっさいが、「他者」である資本およびその人格化である資本家の能動的な購買意思にゆだねられることになる。レヴィナス流にいえば、自己は他者の「身代わりsubstitution」となり「人質otage」となることによってその存在を許される。親鸞の言葉を借りれば、自己は他者の「他力」によって廻向される以外に涅槃にいたる道はないのである。

（中略）こうして宇野は、資本主義的商品経済を根拠にして、あたかもあらゆる商品の価値がその生産に要する人間の労働にもとづくかのごとく現れる根拠を説いた。したがって宇野『原論』における「資本の生産過程」は、『資本論』の労働価値説に対する徹底的な転倒の試みであり、その根源的な倒錯性を暴きだすものであるといえよう。すなわち、商品の価値なるものは、古典派経済学がいうような人間の労働が結晶し体化embodiedしたものではないし、それゆえ、マルクスのように人間の労働が疎外ないし自己展開して資本に発展するのでもありえない。まったく逆に商品の価値と呼ばれるものは、「他」なる資本形態が、あらかじめ自らに属さない人間労働を「外部」から無理に「同」に還元するかぎりにおいてのみ成立するのである。ここにおける「他者」による「自己」の包摂は、なんら必然的根拠のないいわば歴史の狡知にすぎない。

　宇野にとっての労働価値説は、現実とイデオロギーの狭間で危うい均衡を保っている。

---

　宇野弘蔵は、マルクスの『資本論』を再構成することによって資本主義の内在的論理を客観的に解明した。その目的は、資本主義社会に「外部」があることを明らかにするためだった。それによって、マルクス本人よりもマルクスが言いたかったことをより正確に表現することに成功した。しかし、宇野弘蔵門下の宇野シューレ（宇野学派）と呼ばれる人々は、マルクス、宇野弘蔵に通底する「外部」、「他者」という問題

を取りこぼしてしまったのである。青木氏のみが、シューレ（学派）と無縁のところで、事柄の本質を摑むことができた。それは青木氏に強靭な思考力とほんものの教養が備わっているからだ。

本書で私が百科事典やヘーゲル『精神現象学』を取りあげたのも、円環的に世界を整合的に描く体系知のみが逆説的に「外部」や「他者」の存在を示すことができると考えたからだ。この問題を神学の側から扱ったのが拙著『神学の思考』（平凡社、２０１５年１月）なので、是非、併せて読んでいただきたい。

本書を上梓するに当たっては平凡社の吉田真美さんにたいへんにお世話になりました。吉田さんの深い洞察力と調査力、それに編集者としてのプロフェッショナリズムなくして本書が陽の目を見ることはありませんでした。どうもありがとうございます。

２０１６年10月26日、曙橋の自宅にて（愛猫の白茶ブチ猫タマを膝にのせながら）

佐藤　優

本書は朝日カルチャーセンター新宿教室で行われた
講座「知の操縦法」（２０１５年４～５月、10～12月）をもとに
再構成・加筆したものです。

佐藤 優［さとう・まさる］

作家、元外務省主任分析官。1960年生まれ。同志社大学大学院神学研究科修了後、外務省入省。在英国日本国大使館、在ロシア連邦日本国大使館に勤務後、本省国際情報局分析第一課において、主任分析官として対ロシア外交の最前線で活躍。2002年背任と偽計業務妨害容疑で東京地検特捜部に逮捕され、05年執行猶予付き有罪判決を受ける。09年最高裁で有罪が確定し、外務省を失職。05年に発表した『国家の罠』で第59回毎日出版文化賞特別賞受賞。06年『自壊する帝国』で第5回新潮ドキュメント賞、第38回大宅壮一ノンフィクション賞受賞。『私のマルクス』『読書の技法』『同志社大学神学部』『神学の思考』など著書多数。

# 知の操縦法

2016年12月1日 初版第1刷発行

著者 佐藤 優
発行者 西田裕一
発行所 株式会社 平凡社
〒101-0051 東京都千代田区神田神保町3-29
TEL 03-3230-6581（編集）
03-3230-6573（営業）
振替 00180-0-29639
印刷所 株式会社東京印書館
製本所 大口製本印刷株式会社



ISBN 978-4-582-82484-1
NDC分類番号914.6 四六判（18.8cm） 総ページ208
平凡社ホームページ http://www.heibonsha.co.jp/